설악산 아모르
야생화 아모르

최기수 지음 · 감수 김철수

HNCOM

머리말

입산하며

"아빠는 왜 다니는 산에만 다녀요?"

"아닌데?"

"설악산만 다니잖아요?"

언제인가 설악산을 가려고 배낭을 꾸리고 있을 때 옆에서 지켜보던 큰딸과 나눈 대화이다.

학창시절 수학여행 때도 가보지 못한 설악산! 뒤늦게 설악산과 인연을 맺은 후 서울 근교를 벗어난 산행은 주로 설악산이 됐다. 2015년 10월 9일 무박으로 공룡능선 단풍산행을 같이 한 친구 R은 "기수가 왜 그렇게 설악산을 즐겨 찾는지 알게 됐다."고 말했다.

"설악산은 서울에서 가장 가까운 산이다."

이런 말을 하면 주변 사람들이 의아해 하지만, 사실이다. 서울에서 두시간이면 시외버스가 한계령휴게소에 내려준다. 북한산을 제외하면 서울에서 대중교통을 이용해 두시간 안에 갈 수 있는 국립공원이 설악산 말고 또 있는가.

설악산은 우리나라를 대표하는 산이다. 그만큼 빼어나기가 비길 곳이 없다. 능선은 장엄하고 장쾌하다. 아스라이 펼쳐진 주변 산군들이 연출하는 산그리메는 그동안 쌓인 스트레스를 한 번에 날려준다. 호연지기를 키우기에 안성맞춤이다. 굳이 정상인 대청봉에 오르지 않더라고 산행의 진수를 누릴 수 있다. 계곡은 폭포, 암봉(岩峰)과 어우러져 절세가경이다. 계곡산행이든 능선산행이든 달려온 삶을 반추하게 하고, 삶의 의미도 생각하게 한다.

이 책을 쓰기까지는 망설임이 많았다. 산행을 할 때 지인들과 소통을 하는 습관이 있다. 아름다운 곳에 서면 그곳에서 담은 사진을 SNS(소셜 네트워크 서비스)로 보내 준다. 오랜만에 만난 지인들은 “요즘도 산에 많이 가지요?” 하고 묻는 게 인사이다. 설악산을 몇 년 다니다 보니 “그만큼 설악산을 다녔으면 책을 내보세요.” 하는 말을 자주 들었다. 그때마다 손사래를 쳤다. 세상에는 프로페셔널이 많고도 많기 때문이었다.

지난해 초 친구 K, Y와 점심을 먹으며 SNS 마케팅과 시장 트렌드에 대한 얘기를 나누던 중 K가 한마디 했다.

"설악산 책을 펴내는 게 어때?"

그 말을 듣고 지난 얘기를 하면서 손사래를 치는데, Y가 거들었다.

"너는 꽃 사진도 찍으니까 설악산 꽃도 소개하면 색다른 책이 될 수 있을 거야."

그날 이후 컴퓨터를 뒤적이며 '설악산' 파일을 눈여겨보게 되었다. 일은 그렇게 시작되었다.

이 책은 설악산에 대한 많은 정보도 없고, 풍부한 지식도 없는 아마추어가 14년 동안 설악산을 걸으며 보고 겪은 이야기이다. 그동안 개인 블로그에 올린 산행기를 바탕으로 정리했다. 아마추어(amateur)의 어원은 라틴어 'am/amor'(사랑, 좋아함, 다정함)라고 한다. 아마추어라는 단어가 갖는 의미 그대로 설악산을 사랑하고 즐겨 찾는 주말 등산객이 주관적으로 쓴 글로 이해하면 되겠다. 당연히 부족한 게 많다는 점을 고백하지 않을 수 없다. 설악산을 처음 찾는 사람들에게 '설악산이 이런 산이구나' 하는 정도만 전달된다면, 산속에서 마주치는 모습들 속에서 '이런 이야기가 있었지' 하는 단상을 떠올리게 된다면 좋겠다.

그동안 산행을 같이해 주고, 앞으로도 같이할 고등학교 친구들, 그 친구들의 영원한 산행대장이자 설악산으로 안내해 준 Y에게 감사하고, "산에 가겠다."고 하면 흔쾌히 "갔다 오세요."라고 응답해 준 아내 권봉순 님과 가족에게 고마움을 전한다. 그리고 설악산국립공원사무소 소장으로 재직하실 때 자료 협조는 물론이고 졸고를 감수해 주신 김철수 현 오대산국립공원사무소 소장님, 기꺼이 출판을 해 주신 에치엔컴 출판사 관계자 여러분께 고마움을 전한다.

2020년 정초 포일숲속마을에서

공룡능선 운해. 2018년 5월 19일 공룡능선 산솜다리 산행은 신선대에서 맞이한 운해로 시작됐다.

차례

미리보기

설악산은?

언제나 포근하게 맞아주는 오랜 벗 같은 산, 바로 설악산이다.

우리나라에서, 아니 남한에서 세 번째로 높은 산이다. 그 정상은 대청봉으로 해발 1708m이다. 한라산(1950m), 지리산(1915m) 다음으로 높다. 그 아래로 덕유산(1614m)과 계방산(1577m)이 뒤를 잇는다. 계방산과 함백산(1573m), 태백산(1567m)은 불과 몇 미터 차이로 높낮이를 다툰다.

내설악과 외설악, 남설악으로 구분된다. 대청봉에서 공룡능선, 마등령, 저항령, 황철봉, 미시령으로 이어지는 백두대간 동쪽은 외설악, 서쪽은 내설악으로 불린다. 대청봉에서 중청봉, 끝청, 한계령, 점봉산으로 이어지는 백두대간 남쪽은 남설악이다.

설악산은 30여개의 높은 산봉우리와 수많은 능선과 계곡을 품고 있다. 그 계곡과 능선마다 하늘을 찌르는 암봉과 암반을 깎는 폭포가 자리해 말로는 표현할 수 없는 아름다운 경관을 뽐낸다. 대표적인 능선은 대청봉에서 북쪽으로 뻗은 공룡능선, 대청봉에서 시작해 한계령삼거리를 거쳐 안산에서 마감을 하는 서북능선, 대청봉에서 동해로 뻗어 내린 화채능선, 공룡능선 북쪽 마등봉에서 저항령-황철봉을 거쳐 미시령으로 이어지는 북능이다. 소청봉에서 뻗어 내린 용아장성은 가장 험한 능선으로, 북능과 화채능선은 자연환경보호 차원에서 각각 출입이 통제돼 있다.

30여 산봉우리와 명경지수 담은 계곡

대표적인 계곡은 천불동계곡, 가야동계곡, 구곡담계곡, 수렴동계곡, 백담계곡, 십이선녀탕계곡이다. 천불동계곡은 한라산 탐라계곡, 지리산 칠선계곡과 함께 우리나라 3대 계곡으로 불린다.

계곡 곳곳에는 폭포가 자리해 멋을 더해 준다. 천불동계곡은 천당폭포·양폭포·음폭포·오련폭포를, 구곡담계곡은 쌍용폭포·관음폭포·용소폭포를, 십이선녀탕계곡은 두문폭포와 복숭아탕으로 불리는 용탕폭포, 그리고 응봉폭포를 품고 있다.

설악산에는 계곡에만 폭포가 있는 게 아니다. 설악산을 대표하는 대승폭포와 토왕폭포는 산 중턱에 자리하고 있다. 장수대에서 대승령으로 올라가는 길가에 자리한 대승폭포는 88m 높이를 자랑한다. 개성 박연폭포, 금강산 구룡폭포와 함께 우리나라 3대 폭포로 불린다. 토왕폭포는 화채능선에서 발원한 물줄기가 상부, 중부, 하부 3단으로 이어져 떨어지는데, 길이가 무려 320m나 된다. 토왕폭포는 토왕골로 흐르며, 아래쪽에 비룡폭포와 육담폭포도 있다.

설악산국립공원은 서울시 면적의 67%에 달하며, 22개 등산로에 총 거리는 114km이다.

설악산에 대한 더 자세한 설명은 자료를 인용한다.

유네스코 생물권보전지역 지정·관리

"1970년 우리나라에서 다섯 번째 국립공원으로 지정되었고, 1965년 천연기념물로 지정되었다. 국제적으로도 그 보존 가치가 인정되어 1982년 유네스코로부터 생물권보전지역으로 지정·관리되고 있는 지역이다. 설악산국립공원의 총면적은 398.237㎢에 이른다. 행정구역상으로는 인제군과 고성군, 양양군과 속초시에 걸쳐 있는데 인제 방면은 내설악, 한계령~오색방면은 남설악, 그리고 속초시와 양양군 일부, 고성군으로 이루어진 동쪽은 외설악이라고 부른다. 설악산은 주봉인 대청봉을 비롯하여 소청봉, 중청봉, 화채봉 등 30여 개의 높은 산봉우리가 웅장하게 펼쳐져

있다. -설악산국립공원-

“강원도 양양군, 인제군, 속초시에 걸쳐 있는 산이다(고도 1708m). 지명은 중추(中秋)부터 눈이 내려 그 이듬해 여름에야 녹으므로 설악 또는 설산·설화산·설봉산이라 한다. 『세종실록 지리지』「양양도호부」에 ‘명산(名山)은 설악(雪嶽)이다.’는 기록이 처음 나타난다. 『신증동국여지승람』「양양도호부」 산천조에 ‘설악(雪岳)부 서북쪽 50리에 있는 진산이며 매우 높고 가파르다. 8월에 눈이 내리기 시작하며 여름이 되어야 녹는 까닭으로 이렇게 이름 지었다.’는 기록에서 설악이라는 지명의 유래를 짐작할 수 있다. 『여지도서』에 ‘이 산은 회양 금강산 남쪽 기슭에서 분기되어 용산리의 후룡(後龍)인 회전령(檜田嶺)에 이르러 다시 갈라져 고성(高城) 탄둔령(炭屯嶺)을 이룬다. 설악산에서 뻗어 나온 줄기는 한계산(寒溪山)을 이루고, 한계산에서 뻗어 나온 줄기는 오색령(五色嶺)을 이루며, 오색령에서 뻗어와 기린(麒麟) 박달령(朴達嶺)을 이루고 박달령에서 뻗어와 춘천 기린 방태산(方胎山)을 이루며, 방태산에서 뻗어와 인제의 안산(案山)이 되는데 이름은 남산(南山)으로 미륵천(彌勒川)에 이르러 그친다.’ 〈중략〉 일명 대청봉(大靑峰)이라고도 하는데, 『동국명산기(東國名山記)』에는 ‘멀리서 보면 아득하게 푸르게 보이므로 그 봉우리를 가리켜서 청봉(靑峰)이라 한다.’고 기록되어 있다. 대청봉은 설악산의 주봉우리로 북서쪽에 중청봉(中靑峰, 1676m)이 있고, 중청봉 북쪽에 소청봉(小靑峰)이 있다. 『해동지도』에는 신흥사(神興寺)만 기록되어 있으나 『조선지도』 이후에 만들어진 고지도에는 설악산과 신흥사가 모두 표현되어 있다. 『조선지지자료』에는 설악산이 양양군 서면 오색리(五色里)에 위치한 산으로 기록되어 있다. 국립공원으로 지정되어 있다. 최고봉인 대청봉을 중심으로 북북서쪽의 마등령(馬等嶺)·미시령(彌矢嶺), 서쪽의 오색령(한계령)으로 이어지는 설악산맥, 서쪽의 귀때기청·대승령으로 이어지는 서북능선, 북북동쪽의 화채봉·칠성봉으로 이어지는 화채능선 등 3개의 주능선으로 나누어진다. 이들 능선을 경계로 그 서쪽은 내설악, 동쪽은 외설악, 남쪽은 남설악으로 각각 불린다. -양양관광-

설악산 탐방로

자료:설악산국립공원

1 **용소폭포 코스**

약수터탐방지원센터–오색약수–금강문–용소폭포탐방지원센터

거리 3.2㎞ / 편도 1시간 / 난이도 하

2 **울산바위 코스**

소공원–흔들바위–울산바위

거리 3.8㎞ / 편도 2시간 / 난이도 중

3 **권금성 코스**

소공원–권금성

거리 1.5㎞ / 편도 약 30분 / 난이도 하

4 **토왕폭포 전망대 코스**

소공원–육담폭포–비룡폭포–토왕폭포전망대

거리 2.8㎞ / 편도 1시간 30분 / 난이도 하

5 **금강굴 코스**

소공원–비선대–금강굴

거리 3.6㎞ / 편도 2시간 / 난이도 하

6 **양폭 코스**

소공원–비선대–귀면암–양폭대피소

거리 6.5km / 편도 3시간 10분 / 난이도 하

7 **백담사 코스**

백담탐방지원센터–백담사

거리 6.5㎞ / 1시간 30분 (버스 편도 15분) / 난이도 하

8 **대승폭포 코스**

장수대–대승폭포

거리 0.9㎞ / 40분 / 난이도 하

9 **수렴동 코스**

백담탐방지원센터–백담사–영시암–수렴동대피소

거리 11.2㎞ / 편도 3시간 / 난이도 하

10 **남교리 코스**

남교리공원지킴터–십이선녀탕–대승령–대승폭포–장수대

거리 11.3㎞ / 6시간 30분 / 난이도 중

11 **대청봉 코스**

남설악탐방지원센터–설악폭포–대청봉

거리 5㎞ / 4시간 / 난이도 상

12 **대청봉 코스**

백담사–수렴동대피소–봉정암–소청봉–대청봉–소청봉–
희운각대피소–비선대–소공원

거리 23.9km / 16시간 50분 / 1박 2일 / 난이도 상

12–1 **대청봉 코스**

백담사–수렴동대피소–봉정암–대청봉

거리 12.9km / 6시간 10분

13 **대청봉 코스**

소공원–비선대–양폭대피소–희운각대피소–대청봉–
남설악탐방지원센터
거리 16km / 10시간 40분 / 1박 2일 / 난이도 상

13–1 **대청봉 코스**

소공원–비선대–양폭대피소–희운각대피소–대청봉
거리 11km / 6시간 40분 / 난이도 상

14 **한계령 코스**

한계령휴게소 –한계령삼거리–끝청갈림길–대청봉–끝청갈림길–
소청봉–희운각대피소–천불동계곡–비선대–소공원
거리19.3km / 12시간 / 1박 2일 / 난이도 상

14–1 **한계령 코스**

한계령휴게소–한계령삼거리–끝청갈림길–대청봉
거리 8.3km / 5시간 20분

15 **공룡능선 코스**

소공원–비선대–마등령–공룡능선–희운각대피소–대청봉–
남설악탐방지원센터
거리 19.1.km / 14시간 40분 / 1박2일 / 난이도 상

15–1 **공룡능선 코스**

소공원–비선대–마등령–공룡능선–희운각대피소
거리 11.6km / 8시간 30분 / 난이도 상

※ 설악산국립공원에서 등산로를 계속 정비하고 있어서
소요 시간은 줄어들고 있음.

설악산국립공원 탐방안내도

자료 설악산국립공원

N
울산바위
Ulsanbawi
1.0km
흔들바위
Heundeulbawi
계조암
내원암
2.1km
안양암
신흥사
Sinheungsa
소공원
Sogongwon
무명용사비
0.7km
설악동탐방지원센터
Seorakdong Park Information Center
설악동야영장
Seorakdong Camping Area
2.3km
2.0km
케이블카
권금성
와선대
금강굴
설악02-04
1.5km
비선대
Biseondae
육담폭포
Yukdampokpo
0.4km
비룡폭포
Biryongpokpo
0.4km
토왕성폭포전망대
Towangseong pokop Observatory
설악산국립공원사무소
Seoraksan National Park Office
설악산탐방안내소
Seoraksan Visitor Center
마등령삼거리
Madeungnyeong Samgeori
2.0km
금강문
오세암
Oseam
1.4km
나한봉
2.5km
공
룡
4.9km
능
선
천화대
귀면암
3.5km
2.4km
수렴동대피소
Suryeomdong shelter
설악13-05
양폭대피소
Yangpok shelter
1.2km
천당폭포
0.6km
설악01-14
무너미고개
Muneomigogae
1.6km
5.4km
관음폭포
쌍용폭포
봉정암
Bongjeongam
1.5km
희운각대피소
Huiungak shelter
설악10-27
0.5km
1.1km
소청 1550m
Socheong
소청대피소
Socheong shelter
0.6km
중청 1664m
Jungcheong
1610m 끝청
Kkeutcheong
0.6km
대청봉 1708m
Daecheongbong(peak)
한계령삼거리
Hangyeryeongsamgeori
서
북
능
선
5.4km
중청대피소
Jungcheong shelter
1.8km
설악 06-06
설악 09-02
설악폭포
3.2km
용소폭포탐방지원센터
Yongsopokpo Park Information Center
용소폭포
0.5km
남설악탐방지원센터
Namseorak Park Information Center
오 색 리
3.5km
금강문
2.7km
십이폭포
선녀탕
오색약수
오색초등학교
물레방아휴게소
약수터탐방지원센터
Yaksuteo Park Information Center
오색분소
Osaek Ranger Station
노 학 동
척산온천
강원도수련원
목우재

1부 인연

공룡능선 운해. 2011년 7월 31일 공룡능선 신선대에서 1시간 50분에 걸쳐 공룡능선을 놓고 벌이는 운무의 향연을 즐겼다.

"우리 관악산만 다니지 말고
설악산도 가자."
재경 청주고등학교 동기들
산행대장인 Y가 제안을
했다. 반가운 소리다.
마음속으로
"나도 설악산을 갈 수
있겠구나." 쾌재를 불렀다.
"그래, 가자!"
관악산을 같이 오르던
친구들이 이구동성으로
대답을 했다. 그러자 Y가
덧붙였다.
"토요일에 관악산 산행을
하고 싶어도 근무 때문에 못
오는 친구들도 많아. 매월
첫째 주에는 관악산 산행을
하고, 셋째 주 일요일에는
삼각산(북한산) 등 다른
산으로 가자."

● 나 홀로 대청봉을 처음 찾은 2009년 6월 14일 하늘 가득하던 구름이 벗겨지면서
중청봉 위로는 파란 하늘이, 아래로는 운해가 펼쳐졌다

1708

● 2006년 9월 10일 처음 찾은 대청봉은 몸을 가누기 힘든 강풍으로 맞아줬다. 사진은 당연히 흔들렸다.
●● 국립공원 제1경 공룡능선. 2006년 9월 10일 신선대에 올라서는 순간 공룡능선은 엄청난 충격으로 다가왔다. ●●● 범봉. 마치 큰 범선을 이끄는 모습같다고 해서 범봉이라는 이름이 붙었다고 한다.

● 화채능선을 넘실거리는 운무. ●● 한계령삼거리에서 대청봉 방향으로 20분 정도 가면 구상나무가 등산로 위로 빗장을 걸고 쉬어가라고 했다. 오른 쪽 바위는 서북능선 최고의 전망 포인트이다. 이 나무는 언제부터인가 사라졌다.

● 대청봉 일출. ●● 2009년 6월 14일 두 번째로 찾은 대청봉은 바람 한 점 없었다.
●●● 구름 속 중청대피소. ●●●● 대청봉에 자리한 이정표

1 설악이 다리를 놓아 준 산

"대청봉을 2006년 가을에 처음 갔다."

주위 사람들에게 이렇게 말하면 "설악산은 수학여행 때 처음 가는 산인데…"라고 말꼬리를 흐리며 믿을 수 없다는 반응을 보였다. 하지만 바다가 없는 충북에서 자라서 그랬는지, 중학교 수학여행은 경주와 포항으로, 고등학교 수학여행은 남해로 갔다. 그러다 보니 학창시절 설악산을 접할 기회가 없었다.

결혼을 앞둔 1985년 여름휴가 때 설악과 처음 인연을 맺었다. 비선대는 너무 아름다워 충격으로 다가왔고, 설악동 C지구 계곡물은 얼마나 차가운지 한여름인데도 발을 담그기 어려웠다. 권금성을 케이블카로 오르면서 아래를 내려다보니 족히 30kg 무게는 될 정도의 큰 배낭을 짊어진 등산객이 돌계단 길을 오르고 있었다. 지금은 권금성 등산로가 입산금지구역이지만, 그때는 대청봉을 오르는 길 가운데 하나였다. 권금성 봉화대 앞에서 바라보는 집선봉은 얼마나 아름답던지, 말 그대로 신선들이 모여 사는 곳 같았다.

이틀이나 설악산 산행(?)

1993년 여름 인제, 강릉, 고성군을 거치는 3박 4일 출장 기간이었다. 이틀간 속초에 숙소를 차리게 됐다. 출장 둘째 날 일정이 오후 5시쯤 끝나 설악동으로 향했다. 어둡기 전에 돌아올 생각으로 흔들바위 방향으로 길을 잡았다. 계조암을 보고, 흔들바위를 밀어봤다. 말 그대로 흔들렸다. 이미 알고 있었지만 신기하기 이를 바 없었다. 다음날은 오후 4시 전에 일이 끝났다. 속초에서 다시 설악동행 시내버스에 올랐다. 금강굴을 갔다 왔다. 암봉 중간에 석굴이 자리하고 있고, 그 안에 석간수가 흐르고 있다는 사실 자체만으로도 경이로웠다. 금강굴에서 보는 천불동계곡은 환상적이었다. 금강굴에서는 중청봉과 화채봉, 공룡능선 봉우리들이 보인다. 그때는 몰랐지만 산행을 하면서 알게 된 사실이다.

"어! 무릎이 아프지 않네! 이틀간이나 설악산 산행(?)을 했는데." 워킹만 하고 산행을 했다고? 금강굴은 해발 고도가 대략 600m는 되니까 산행이라고 우겨볼 만도 했다. 1992년 회사 워크숍 때 무릎 인대가 늘어나는 사고가 있었다. 엑스레이 상으로는 문제가 없었지만 무릎이 아팠다. 의사가 "아프면 물리치료를 받아보라."고 권했는데도 무시했다가 고질병이 되다시피 했다. 그 핑계로 시계추처럼 집과 회사만 오가다가, 이틀간의 설악산 산행(?)에 용기를 얻어 그 다음 주부터 토요일 오후에 관악산을 찾기 시작했다. 설악이 산과 인연을 맺어줬다. 신기하게도 산행을 하면 할수록 무릎이 편해졌다. 산행이 재미있어지고 몸도 가벼워졌지만, 장비도 없이 하던 관악산 산행은 찬바람이 불면서 중단을 했다.

나이 마흔다섯이 되니 고등학교 친구들이 산으로 모이기 시작했다. 건강관리 필요성을 절실하게 느끼는 나이이다. 그때가 2005년 9월이다. 그 이후 매월 첫째 주 토요일 관악산 정기 산행은 쭉 이어지고 있다. 많을 때는 20명이 넘는 친구들이 산행에 나와 건강을 챙겼다.

2 즐거운 산행이 알고 보니

2006년은 엄청난 변화가 찾아온 해이다. 인천 생활을 청산하고 회사 근처인 서울 방배2동 주택가로 이사를 했다. 회사 출근거리가 600걸음 정도에 불과하다 보니 삶이 완전히 달라졌다. 인천에 살 때는 생각도 못하던 아침 운동이 가능해졌다. 아침에 한 시간 정도씩 걸으니까 자세 불량으로 아프던 목 질병도 나았다. 그해 3월부터 경조사 등 특별한 일이 없으면 토요일, 일요일에 관악산을 찾았다. 갑자기 주말마다 산행을 하니 몸이 받쳐줄 리 없었다. 다리에는 알이 배고, 발바닥까지 아프기도 했다.

작은 공룡능선, 의상능선을 가다

그 해 4월 첫째 주 토요일 관악산 정기 산행 때이다. 친구 Y가 제안을 했다. "우리 관악산만 다니지 말고 설악산도 가자." 대입 재수를 할 때부터 설악산에 입문한 Y는 그때나 지금이나 재경 청주고등학교 동기들 산행대장이다. 마음속으로 "나도 설악산을 갈 수 있겠구나!" 하고 쾌재를 불렀다. "그래, 가자!" 친구들이 이구동성으로 대답을 했다. 그러자 Y가 덧붙였다. "토요일에 관악산 산행을 하고 싶어도 근무 때문에 못 오는 친구들도 많아. 매월 첫째 주에는 관악산 산행을 하고, 셋째 주 일요일에는 삼각산(북한산) 등 다른 산으로 가자." 산행대장 Y는 북한산 이름을 꼭 삼각산이라고 부른다. 그때는 주 5일 근무가 정착되지 않았었다. 친구들을 배려하는 Y는 믿고 따를 수 있는 산행대장임에 틀림이 없었다.

5월 셋째 주 일요일 산행지가 정해졌다. 삼각산(북한산) 의상능선이다. 삼각산 정상인 백운봉(백운대)은 오른 적이 있었는데, 의상능선은 처음 들었다. 열 명쯤 되는 친구들이 북한산성 입구에 모였다. 산행대장 Y가 "앞에 보이는 (우뚝 솟은) 봉우리가 의상봉이야." 하고 알려줬다. 가파르기가 엄청났다. "저곳을 어떻게 오르지?" 겁이 덜컥 났다. 산행대장 Y를 따라서 앞만 보고 올랐다. 아슬아슬한 와이어 로프 구간에서는 손에 땀을 쥐어야만 했다. 지금도 의상봉 와이어 로프 구간은 험해서 긴장되고, 가기 싫은 곳이다.

의상봉에 올라 동북쪽 능선을 보면서 감탄사를 토해 냈다. 백운봉을 좌우로 염초봉과 만경대, 만경대 오른쪽에 자리한 용암봉으로 이어지는 삼각산 주능선, 그리고 그 앞에 자리한 늘씬한 노적봉은 말로는 형언할 수 없는 충격으로 다가왔다. 북한산성계곡은 연둣빛 파스텔 톤으로 치장을 한, 말 그대로 화려강산, 금수강산이었다. 산행대장 Y가 넘어야 할 의상능선의 봉우리 이름을 알려주는데 뭐가 그리도 많은지. 왼쪽으로 삼각산 주능선을 보며 의상봉, 용출봉, 용혈봉, 증취봉, 나월봉, 나한봉, 715봉, 문수봉을 오르락내리락하는 의상능선은 감탄사를 자아내게 했다. 중간쯤에서 인수봉이 백운봉과 만경대 사이로 얼굴을 내밀더니 문수봉에 도착할 때까지 같이했다. 산행대장 Y는 "의상능선은 설악산 공룡능선 축소판으로 공룡능선을 가는 팀들이 사전에 연습을 많이 한다."고 설명해 줬다. 작은 공룡능선을 넘은 대가는 다리에 생긴 알 공장으로 혹독하게 치러야 했다.

산행 역사를 새로 쓰다?

그 다음 달 셋째 주 산행은 도봉산이었다. 14명의 친구들이 09:50 전철 1호선 회룡역을 출발해 범골-사패산 정상-사패능선-포대능선-신선대-도봉산 주능선-오봉-우이암을 거쳐 우이동 유원지로 하산하는 산행을 했다. 출발할 때만 해도 그 코스가 얼마나 힘든지, 몇 시간 산행 거리인지도 몰랐다. 도봉산이라는 것만 알았다.

사패능선에 도착하니 산행대장 Y가 "도봉산은 왼쪽 방향이고, 사패산 정상은 오른쪽에 있어. 다시 돌아올 거니까 배낭을 내려놓고 사패산 정상에 가자."고 했다. 지척에 사패산 정상이 있었지만, 다시 돌아온다는 말 한마디에 힘이 빠지고, 가기도 싫어졌다. 그래도 힘을 내 달덩이처럼 둥글고 멋진 사패산 정상에 올라 역광으로 멀리 보이는 도봉산을 조금이나마 즐겼다.

사패능선, 포대능선을 거쳐 716봉에 도착하자 도봉산은 감탄에 감탄을 자아내는 모습으로 다가왔다. 정상인 자운봉을 비롯해 만장봉, 선인봉. 이름만으로도 그 모습을 상상할 수 있는 신선대와 칼바위. '어떻게 이런 봉우리가 생겼을까?' 거기에다 손바닥에 땀을 쥐고 와이어 로프에 의지하며 건너야 하는 Y계곡, 그리고 도저히 믿어지지 않는 형상으로 다가온 오봉! 도봉산 마지막 방점을 찍은 우이암까지 도봉산은 선계로 다가왔다.

"예로부터 말하기를 삼각산 도봉(道峯)이 금강산보다 낫다고들 한다. 금강산은 골이 깊은 산으로 일만 이천 봉이라 하여, 별난 봉우리가 깎은 듯이 서고 우람차고 깊은 맛이야 말할 것도 없다. 〈중략〉 내가 일찍이 단발령(斷髮嶺)에 올라가 금강산을 바라볼 때 마침 가을 하늘이 쪽같이 푸르고 석양이 산봉우리를 가로 비쳤다. 그러나 산색이 어데고 뽑아 낸 듯한 빛깔과 기름진 맛이 없어 미상불 금강산의 흠절을 두고 한번 탄식해 본 적이 있다.

한강 상류에서 배를 타고 두미강(頭尾江) 어귀로 내려 서쪽으로 바라보면 한양의 삼각산 봉우리들이 하늘에 닿을 듯 푸르게 솟은 위에 영롱한 이내와 맑은 아지랑이가 자욱이 서리면서도 얻고 상긋거리고 한들거리는 듯한 풍치는 삼각산이 아니고는 찾아볼 수 없을 것이다. 또 나는 일찍이 남한산성 남문에 올라가 북으로 한양을 바라볼 때에, 물에 비친 꽃 그림자 같기도 하고 거울에 비친 달그림자 같기도 하였다." -열하일기, 박지원 씀, 리상호 옮김, 도서출판 보리-

도봉산의 아름다움은 연암(燕巖) 박지원(朴趾源)이 쓴 〈열하일기(熱河日記)〉로 대신한다. 이보다 더 아름답게 표현할 수 없다. 단발령은 금강산 입구에 있는 고개라고 한다.

Y계곡을 건너 신선대 직전에서 쉬다가, 물도 챙기지 않고 초등학생 자녀 둘을 데리고 무모한 산행을 하는 가족을 만났다. 배낭에서 물 한 병을 꺼내 아이에게 건네줬다. 그때 500ml 생수 3병을 가지고 갔는데, Y계곡을 지나도록 한 병만 마신 상태였다.

"물은 생명인데…" 옆에 있던 산행부대장 K가 내게 말을 했다.

"그래? 걱정 마." 그때까지만 해도 호기를 부릴 수 있었지만, 그 후 친구들 배낭에 물이 떨어지기 시작해 고생을 사서 하는 결과를 초래하고 말았다. 물은 생명과 같다. 높은 산이든 낮은 산이든 물은 충분하게 챙기는 게 기본이다.

우이동유원지 입구로 하산을 하니 19:15. 일행 중 중간쯤에 내려왔으니까 9시간 25분이나 걸린 산행이었다. 산행 거리나 산행 시간에서 새로운 역사(?)를 쓴 순간이었다. 너무나도 힘들었다. 친구 Y(Y 산행대장 아님)는 하산을 하자마자 저녁도 먹지 않고 택시를 잡더니 사라졌다. 그 후 만난 친구 Y는 "애들하고는 산행을 할 수 없어. 무지막지한 애들이야. 다시는 따라갈 생각을 안 해." 하고 당시 상황을 말했다. 그때 산행을 한 친구 중 산행대장 Y를 빼고는 그런 장거리 산행은 모두 처음이었다.

최종 점검

설악산 공룡능선 D데이가 8월 19일로 잡혔다. 설악산 중청대피소를 예약할 일만 남았다. 대피소 예약을 마치면 그날부터 2주일간 카운트다운에 들어간다.

7월 마지막 주 일요일! 이른 아침까지 장맛비가 내리다가 그쳤다. 일 년 중 가장 덥다는 중복 날 공룡능선 산행을 앞두고 마지막 점검을 위해 삼각산(북한산) 정릉매표소로 갔다. 08:30 삼각산 품에 안겼다. 사방이 안개로 자욱했다. 마지막 공룡능선 맞춤 산행은 7월 15일에 하려고 했었으나 서울, 경기, 강원 지방에 내린 폭우로 연기됐다가 어렵게 이뤄졌다. 급작스런 일정 변경으로 단출하게 6명이 출발을 했다. 삼각산 12대문 산행이다. 12대문 산행은 북한산성 입구에서 시작을 하는 게 일반적이다. 북한산성 입구에서 의상능선으로 올라가 원효봉으로 내려오거나, 그 반대 코스로 한다.

정릉에서 시작하는 12대문 산행은 의상능선을 넘어 북한산성 입구로 내려갔다가 다시 원효봉으로 올라가야 한다. 삼각산을 두 번 올라가는 거라고 생각을 하면 된다. 정릉에서 대성문으로 올라가는 길은 짙은 안개가 앞을 가렸다는 기억밖에 없다. 친구 K는 북한산성 입구에서 "너무 무리하는 코스"라며 하산을 했다.

땀으로 범벅을 한 지친 몸을 이끌고 시구문(屍口門)을 지날 때는 문 이름만큼이나 기분이 으스스했다. 원효봉에 오르자 인수봉을 제외한 삼각산 봉우리들이 좌우로 펼쳐졌다. 시곗바늘이 오후 시간대로 옮겨가니 안개도 많이 걷히고, 계곡에서 불어오는 바람은 시원했다. 등산을 하는 묘미를 느꼈다.

"시간이 없어. 일어나. 북문을 거쳐 대동사로 내려갔다가 위문(지금은 백운봉암문으로 이름이 바뀌었다)으로 올라가야 하는데, 염초봉 밑으로 해서 여우굴 쪽으로 가면 내려가지 않고 위문으로 갈 수 있어." 산행대장 Y가 새로운 길을 안내했다. 그런데 북문을 지나자마자 곧바로 암벽이 맞아줬다. 도저히 갈 수 없는 길 같았다. 산행대장 Y는 키가 큰 친구 O를 먼저 올려 보내더니 엄두가 나지 않는 나를 밑에서 밀어 올려줬다. 그곳만 올라가면 된다는 말을 듣고 암벽을 올랐는데 또 암벽이다. 갈 곳도 없어 보였다. 산행대장 Y는 "피아노바위만 지나면 평탄한(?) 길"이라고 말했다. 지금까지 산행대장 말이라면 300% 믿었는데 도저히 수긍하기 어려웠다. 하늘에서는 까마귀가 "까~~악 까~악 깍~" 거렸다. 저승길 분위기 같았다.

그곳을 지나니 거짓말처럼 암벽은 없었다. 그런데 장마 기간에 내린 폭우로 토끼길 등산로도 보이지 않았다. 숲을 얼마나 헤쳤을까? 조그만 암자가 나왔다. 지금은 철거가 된 약수암이다. 약수암 담벼락 위쪽과 아래쪽으로는 갈 길이 없었다. 약수암으로만 나아갈 수 있었다. 스님이 앞에 가던 친구에게 쓴 소리를 하셨다. "길이 아닌데 이리로 오면 어떡합니까?" 그 길로 들어서니 법당 안이었다. 가서는 안 될 길이었다.

"여기서 20분만 가면 위문이야." 산행대장 Y말에 용기와 힘을 얻어 발걸음을 내딛었지만 몇 번을 쉬고 쉬어서야 깔딱고개를 올라 위문에 도착할 수 있었다. 남아 있는 문이 용암문, 대동문, 보국문 3개나 되는데 시곗바늘은 18:00를 가리켰다. 체력적으로나 시간상으로 12대문은 불가능했다. "오늘 12대문을 모두 통과하지는 못했지만 삼각산을 두 번 오른 것이니 설악산 공룡능선을 가도 여유를 갖고 갈 수 있어." 산행대장 Y의 말을 위안으로 삼으며 백운산장을 거쳐 하산을 했다. 우이동 백운대2매표소를 통과하니 19:50이다. 11시간 20분에 걸친 산행을 마무리하고, 지친 무릎을 도가니탕으로 위로했다. 참으로 힘든 일을 했을 때 느끼는 뿌듯함도 같이했다.

37 알고 보니 체계적인 훈련이었어!

삼각산 의상능선과 도봉산 산행은 산행대장 Y의 체계적인 훈련이었다. 산행대장 Y는 설악산을 가자고 할 때 "갔다 오는 데만 의미를 두지 말고 설악산을 즐기러 가자."고 했다. 돌이켜보니 산행대장 Y는 공룡능선 산행을 위한 훈련도 친구들이 자연스럽게 참여하는 방식으로 이끌었다. 그 덕에 그 힘들고 힘들었던 사패-도봉산 산행을 할 때도 훈련이라는 중압감 없이 즐겼다.

이것이 바로 '펀(Fun) 워크(Work)'이고 '펀(Fun) 경영' 아닐까? 일도 즐기면서 할 수 있다. 즐기면서 하는 일은 생산성도 훨씬 높다. 펀 경영은 구성원들이 일을 즐기면서 할 수 있도록 하는 것이다. 그래서 기회가 있을 때마다 산행대장 Y가 실행한, 아주 체계적이었지만 즐기면서 같이한 훈련 방식을 주변에 전해 준다.

3 설악 D데이, 그날이 왔지만

공룡능선 산행 D데이 8월 19일. 설악은 선선한 바람이 불기 시작할 때다. D데이 2주 전에 시간이 되는 친구들이 컴퓨터에 달라붙어서 그 어렵다는 중청대피소도 12자리를 예약하는 쾌거를 올렸다. 교통편은 전세 버스를 이용하기로 하고, 1인당 회비 10만원씩을 갹출했다.

태풍이 심술을 부리고

D데이를 하루 앞두고 하늘이 심술을 부렸다. 제10호 태풍 '우쿵'이 찾아왔다. 그래도 친구들은 8월 19일 아침에 전세 버스가 출발하기로 한 서울 잠실 호랑이상 앞에 모였다. 비바람이 태풍을 실감케 했다. "가자!" vs "안 된다." vs "다른 곳으로 가자!" 갑론을박이 벌어졌다. 기상청에 근무하는 친구 Y에게 전화를 했더니 "태풍이 설악산을 관통하지는 않지만 상황이 안 좋다. 안 가는 게 좋겠다." 라고 권했다. 최종 결정을 할 수 있는 답은 남설악탐방지원센터에서 해줬다. "태풍으로 입산 금지입니다." 상황 끝이다.

살다 보면 결정을 할 일이 많다. 결정은 삶에 엄청난 영향을 미친다. 어떤 날은 중요한 결정을 몇 개씩 할 때도 있다. 그 결정은 즉흥

적일 때도 있고, 아주 신중할 때도 있고, 자신의 의사와 다르게 남에게 떠밀려 할 때도 있다. 그렇게 하면 안 되는 줄 알면서 결정을 하는 경우도 있다. 결정은 많은 데이터를 갖고 하는 게 가장 좋은 결과를 낳는다.

"월악산은 태풍경보가 내리지 않았어. 이왕 전세 버스를 대절했으니 오늘은 월악산 산행을 하고, 내일은 속리산 산행을 하자." 산행대장 Y가 신속하게 대안을 내놓았다. 모두가 동의를 했다. 월악산은 대학 때 가본 적이 있다. 해질 무렵 붉게 물든 영봉에 대한 기억이 생생하다.

수산1리에서 시작해 보덕암-하봉-중봉-영봉-마애불-덕주사를 거쳐 덕주골로 하산키로 했다. 능선에 오르자마자 충주호 악어능선이 반겨줬지만, 바람이 거세 즐길 여유가 없었다. 월악산은 태풍에서 비껴났다고는 하지만 몸을 휘청거리게 했다. 좌우가 암벽으로 둘러싸인 양지쪽 등산로 주변에는 산양 똥이 널려져 있었다. 산림청이 1994년부터 방사하기 시작한 산양이 등산로를 오가면서 먹이를 구하는 것 같았다.

대학 때 기억으로는 영봉을 나선형 형태로 빙~ 돌아서 올라갔는데, 데크 계단이 설치되어 있어서 곧바로 올라갈 수 있었다. 영봉에 서니 운무가 넘실거리면서 천지사방을 숨겼다가 보여줬다를 반복했다. 대자연의 경이가 아닐 수 없다. 산을 찾으면 숙연해질 수밖에 없는 이유이다.

속리산에서 황제 산행?

이날 산행의 백미는 속리산 관광지구에 자리한 여관방이었다. 여관방은 수학여행 때 단체로 투숙한 방처럼 컸다. 속리산도 1970년대에는 수학여행지로 인기를 끈 곳이다. 2층에 있는 방 두 개에 투숙을 했는데, 방 하나에 12명이 앉아 떠들어도 여유가 있었다. 거기에다 태풍 때문인지 우리 팀만 투숙을 했다. 잠을 잘 때는 각자 빈 방을 찾아가 독차지했다. 설악산을 갔으면 대피소에서 칼잠을 자는 둥 마는 둥 했을 텐데 '황제 잠'을 잤다. 호사를 누렸다. 한쪽이 부족하면 다른 한쪽이 차고 넘치는 게 세상 이치이다.

둘째 날 속리산 산행은 법주사를 출발해 세검정-복천암-문장대-천왕봉-상환암-세검정-법주사로 하산하는 주걱 모양 코스로 했다. 문장대는 중학교 때, 군 훈련소 입대 전에 한 번씩 가본 적이 있지만 천왕봉은 처음이다. 문장대에서 천왕봉으로 가는 백두대간 길은 기기묘묘한 암봉이 멋진 곳이지만, 구름 속을 걸었다. 본 거라고는 사람 키보다 훨씬 크게 자란 조릿대가 전부였다. 천왕봉은 속리산 정상이라고는 믿기 어려울 정도로 초라했다. 표지석도 그랬고, 잔돌들이 자리해 정상 같은 모습이 아니었다.

중학교 때까지만 해도 속리산은 충청북도에서 가장 높은 산으로 배웠다. 전날 올라간 월악산만 해도 1097m로 1058m인 속리산 천왕봉보다 높은데도. 정보화 시대에는 있을 수 없는 일이 1970년대에는 비일비재했다.

산행은 첫째도 둘째도 셋째도 '안전'

19일에 입산 통제가 되지 않아 12명의 친구들이 비바람을 맞으며 설악산 품에 안겼으면 어떤 일이 벌어졌을까? 산행대장 Y을 빼고는 모두가 산행 초보들이었다. 빗속에서 산행은 제대로 했을까? 중간에 사고가 발생하는 비운을 접하지는 않았을까? 무리한 산행을 하다가 비보라도 접하게 됐다면, 그 이후 그때의 충격을 이겨내고 산행을 이어갈 수 있었을까? 지금 생각하면 입산 통제가 된 게 천만다행이었다. 산행은 첫째도 안전, 둘째도 안전, 셋째도 안전이 최우선이다.

4 마흔여섯 나이에 그 품에 안기다

무박 산행으로 2006년 9월 10일 설악산 품에 안겼다. 산행대장 Y와 친구 O, 친구 K를 포함한 넷이. 친구 K는 그동안 훈련에 나오지 않았었는데 같이했다. 처음 설악산 품에 안기면서 초보에게는 주제에 넘게도 대청봉에 오르고, 공룡능선을 넘는 가슴 벅찬 행복을 누렸다.

공룡능선 준비 산행 과정을 삶에 비유하면 학창시절이었다고 할까? 관악산 정기 산행이 초등학교 과정, 삼각산(북한산) 의상능선 산행은 중학교 과정, 도봉산 산행이 고등학교 과정이었다면, 삼각산 12대문 산행은 대학 과정에 비유하면 될 것 같다. 그리고 공룡능선 산행 D데이로 잡았다가 태풍으로 인한 설악산 입산 통제로 대신한 월악산–속리산 1박 2일 산행은 취업 재수 기간. 공룡능선 산행은 원하던 곳에 취업을 한 기쁨 이상이었고, 감동 그 자체였다.

여전히 멀고도 멀었던 공룡능선

공룡능선을 만나러 가는 길은 멀고도 멀었다. 9월 9일 서울에는 오후까지 비가 내리면서 기온이 갑자기 떨어졌다. 기상청 자료를 보니 9일 4.5mm의 비가 내린 서울 최저 온도는 13.6℃, 10일은 12.6℃를 기록했다. 서울에서 밤에 출발한 산악회 버스는 속초와 양양을 거쳐 양양군 서면 오색리 남설악탐방지원센터에 도착했다. 무박으로 설악산 산행을 하려면 산악회 버스가 인제에서 한계령으로 길을 잡아 한계령휴게소나 남설악탐방지원센터에서 시작하는 게 일반적이다. 하지만, 그해 7월 15일과 16일 설악산을 비롯해 인제, 평창 등지에 쏟아진 시간당 최고 122mm에 달하는 기록적인 폭우로 국도 44번 한계령길이 14km나 유실이나 파괴돼 우회할 수밖에 없었다.

9월 10일 02:50 설악산 품으로 안기는 등산객들 모습은 어둠속에서도, 아프리카 사바나 지역에서 초지를 찾아 악어가 도사리고 있는 강물로 뛰어드는 '누우 떼'를 연상케 했다. "여기서 등산객 무리에 휩쓸리면 공룡능선을 갈 수 없어. 가능하면 추월을 해서 빨리 벗어나야 해." 산행대장 Y는 발걸음을 재촉케 했다. 1km 정도를 정신없이 가다보니 뒤처지는 등산객이 나오면서 가닥이 잡히었다.

산행의 기본은 출발 후 30분간은 천천히 걷는 거다. 몸이 워밍업을 하는데 필요한 시간이다. 그래야 먼 거리를 보다 쉽게 갈 수 있다. 하지만 그럴 겨를이 없었다.

바람소리는 설악폭포 소리도 앗아가고

중간에 몇 번을 쉬기는 했지만 정신없이 앞만 보고 길을 재촉했다. 오색과 대청봉 중간지점 정도에 설악폭포가 있다고 했는데 설악폭포를 지나는 줄도 몰랐다. 딱 하나 생각나는 것은 앞사람만 따라가고 있는데, 바로 뒤에 따라오던 산행대장 Y가 어둠속에서도 "그곳은 길이 아니야. 이쪽이야." 하면서 길을 바로 잡아줘서 되돌아 내려왔던 기억이 있다.

"오색에서 대청봉을 오르다보면 설악폭포의 물 떨어지는 소리가 들린다는데 그 소리를 듣지 못했다. 바람소리 때문이었다. 오르고 또 오르자 하늘이 보이기 시작을 했다. 하현달로 많이 기운 달이 하늘에서 내려다보고 있었다. 별은 동쪽 하늘에 자리한 몇 개 밖에 볼 수 없었다. 올라갈수록 바람소리가 더욱 거세지고, 머리 위로 안개인지 구름인지가 바람에 쫓겨 동쪽 하늘로 날아가는 모습이 보였다.

산행대장 Y는 '앞으로 10분 정도면 대청봉에 도착을 할 것 같다.'고 말했다. 바람이 거세지고, 기온도 급격하게 떨어지면서 추위를 느끼게 했다. 동쪽 하늘 중간이 붉게 물들기 시작을 했다."

개인 블로그에 남긴, 당시 설악폭포 부근에서 대청봉 옛 벙커자리까지 가는 동안 상황 설명이다.

옛 대청벙커 자리에서 의관(?)을 정제했다. 산행대장 Y가 "대청봉에 오르면 바람이 거세니까 옷도 입고, 숨도 고르고 올라가자."는 말을 따랐다. 06:00 대청봉에 올랐다. 초겨울용 바람막이를 껴입던 자리만 해도 바람이 잠잠했는데 50~60m를 걸어가 대청봉 표지석 근처에 다가가니 바람이 사람을 날릴 정도로 거셌다. 9월 중순에 맞이하는 추위가 코끝을 맵게 했다. "저쪽이 우리가 갈 공룡능선이야. 저기 말 잔등 같은 곳이 공룡능선이 끝나는 마등령이야." 산행대장 Y의 설명을 들으면서 콤팩트 카메라 셔터를 눌렀다.

강풍으로 흔들린 대청봉 인증샷

대청봉 인증샷은 심하게 흔들렸다. 사진을 찍는 사람도, 찍히는 사람도 강풍을 주체할 수 없었기 때문이다. 처음 오른 설악산 정상은 사람을 날려 보낼 듯한 바람과 코를 맵게 하는 추위가 몰아치는 곳으로 기억하게 했다.

중청봉으로 내려가는데 동쪽 하늘에 태양이 빛나기 시작했다. 중청봉을 돌아 소청봉으로 내려가는 길에 산행대장 Y가 용아장성을 알려줘 환호성을 내뱉었던 기억이 난다. 소청봉에서 희운각대피소로 내려가는 길에도 공룡능선 풍경을 보면서 감탄을 했겠지만, 시간에 쫓기다 보니 풍경을 즐긴 기억은 별로 없다. 다만 뒤에 처져서 희운각대피소 직전 철제 계단을 뛰다시피 내려간 기억은 생생하다.

희운각대피소에서 아침을 먹었다. 안내 산악회 대장이 "공룡능선을 타는 사람들은 무너미고개를 07:45 이전에 통과해야 한다."고 했는데, 그 시각이었다.

08:10 무너미고개에 도착해 공룡능선으로 들어갔다. 같은 산악회 버스를 타고 온 등산객 한 분이 그곳에서 서성이다가 "지금 공룡능선에 들어가도 되나요?" 하고 물었다. 그는 끝까지 우리와 산행을 같이했다. 공룡능선 컷오프 시간이 한참 지나자 통제를 하던 산악회 관계자도 자리를 떠나서 공룡능선을 탈 수 있는 기회를 갖게 됐다.

국립공원 제1경에 탄성을!

신선대에 서는 순간 탄성에 탄성을 연발했다. 신선대에서 담는 공룡능선 사진은 국립공원 사진콘테스트에서 대상을 맡아 놓고 수상한다. 공룡능선 산행을 준비하는 과정에서 먼저 다녀온 분들의 산행기를 많이 읽었고, 신선대에서 보는 장관을 사진으로 보고 또 보기를 반복했지만 실제 모습은 천양지차(天壤之差)였다. 말로 형언할 수 없는 장관이었다.

공룡능선을 처음 타는 분들은 '무너미고개에서 시작을 하라'고 권하고 싶다. 마등령에서 시작하는 공룡능선 산행도 좋지만 공룡능선 마지막 깔딱고개인 신선대를 오르면서 등 뒤로 펼쳐지는 공룡능선을 보게 된다. 그러다보니 무너미고개에서 출발해 신선대에서 갑자기 눈앞에 펼쳐지는 장관이 주는 임팩트를 느낄 수 없기 때문이다.

그동안 빨리 가자고 다그치던 산행대장 Y가 신선대에 도착하자 달라졌다. 펼쳐진 장관에 대해 설명을 해주기 시작했다.

자세한 설명에도 큰새봉은 빠졌다. 1275봉 안부에 도착해 진행 방향으로 보이는 암봉을 보고 친구 O가 "저 암봉은 이름이 뭐야?" 하고 물을 때도, 설악산과 공룡능선을 제집 드나들 듯 해온 산행대장 Y는 "모르겠어." 라고 대답을 했다. 그 암봉의 이름은 마등령에서 비선대로 하산을 하면서 알 수 있게 됐다. 마등령에서 조금 내려가면 공룡능선 전체를 조망하는 곳이 나오고, 그곳에 사진안내판이 있었다. 그 안내판에 누군가가 수기(手記)로 작게 '큰새봉'이라고 써 놓은 글자가 보였다. 그 암봉을 보니 정말로 큰 새 모습을 하고 있었다.

신선대 이후에도 산행은 여유롭게 진행이 됐다. 산행대장 Y의 안내로 중간중간에 등산로 옆에 자리한 바위에 올라 공룡능선과 좌우로 펼쳐진 내설악과 외설악 풍광을 즐기는 시간이 이어졌다. 그때 산행대장 Y가 안내해 준 지점별 조망 포인트는 그 후 공룡능선을 넘을 때면 찾아가는 곳이 되었다.

쉬는 곳은 최고 절경 조망 포인트

산행대장 Y는 산봉우리를 앞둘 때마다 쉬는 방식으로 친구들 체력을 안배했다. 천화대암릉 상에서, 1275봉을 앞두고, 큰새봉을 앞두고, 마등령삼거리에서 각각 쉬면서 물과 에너지도 보충하고 풍광도 즐기게 했다. 공룡능선 중심인 1275봉 안부에서는 간식을 먹으며 당연히 쉬었고, 큰새봉을 넘으면서도 안부에서 휴식을 취했다. 그 후 공룡능선을 혼자 넘든, 일행과 같이 넘든 매번 같은 곳에서 휴식을 취하고 있다. 쉬어가는 그곳은 풍광도 멋지고 멋지다. 다만, 큰새봉 안부에서는 쉬지 않고 안부를 지나 나한봉이 보이는 바위에 올라 앉아 쉰다. 그곳은 자리가 좁지만 두 세 명이 쉬기에는 제격이다.

천화대암릉 고개에 올라서자마자 1275봉이 장엄한 모습으로 앞에 나타났다. 다시 감탄에 감탄을 했다. 1275봉을 올라가는 길은 만만하지 않았다. 높이도 높이려니와 경사도가 엄청났다. 쇠말뚝을 잡고 힘을 써야 올라갈 수 있는 곳도 있었고, 와이어 로프를 잡지 않고는 지날 수 없는 곳도 있었다. 1275봉 안부에서 큰새봉과 나한봉, 마등령을 바라보니 공룡능선이 끝나 가고 있다는 안도감도 느낄 수 있었다. 그때는 큰새봉 오름길이 된 줄을 몰랐다.

큰새봉을 앞두고 앞서가던 친구 K가 물파스를 바르고 있었다. "어디가 아퍼?" 하고 물었더니 "발목을 삐었다."고 한다. 하산 후 듣자니 "오색에서 대청봉을 오르는 중간에 발목을 삐었다."고 했다. 그 친구는 그런 사실도 숨긴 채 공룡능선을 타고 있었다. "발이 아프다고 말하면 친구들마저 공룡능선을 탈 수 없겠다는 생각에 숨겼다."고 했다. 친구들에 대한 배려였지만 그의 고통은 얼마나 심했을까? 그 후 산행 속도는 느려졌다.

큰새봉을 넘어 나한봉 직전 와이어 로프가 설치된 오르막 협곡에 도착하니 오가지도 못하는 상황이 벌어졌다. 와이어 로프는 두 줄인데도 위아래서 서로 "기다리세요." 하는 소리만 외쳤다. 20분 정도 정체 끝에 협곡을 올라갔다. 마등령삼거리에 도착하니 산행대장 Y가 "여기가 공룡능선 끝이다."라고 하면서 "수고했다."고 덧붙였다. 뿌듯함이 샘솟았다.

공룡능선은 끝이 났지만

기쁨도 잠시. 마등령삼거리에서 마등령고개로 올라가는 길은 마치 지옥 같았다. 체력이 떨어진데다 긴장까지 풀리면서 다리는 천근만근이 됐다. 마등령삼거리에서 마등령고개까지는 0.1km에 불과하고, 난이도도 높지 않은 길이다.

세상사 마음먹기에 달렸다. 어렵고 힘들 것 같던 일도 막상 겪어보면 못할 게 없다. 반대로 아무리 쉬운 일이라고 하더라도, 다 끝났다고 생각했는데 다시 하게 된다면 지옥으로 가는 것보다 싫고 힘들다. 마등령삼거리에서 마등령고개로 가는 구간이 그런 곳이었다.

비선대로 하산하는 길에 조망 포인트 두 곳에서 설악의 풍광을 즐겼다. 기념 사진도 담았다. 조망 포인트는 산행에 활력을 불어넣어 준다. 즐겁고 아름다운 산행을 하려면 곳곳에 위치한 조망 포인트를 기억해 두는 게 좋다.

조망 포인트는 산행 활력소

비선대를 0.8km 남기고 공포의 내리막길이 시작됐다. 금강굴을 품고 있는 장군봉을 왼쪽에, 유선대를 오른쪽에 두고 내려가는 길이다. 사실은 그 위쪽인 유선대 뒤에서부터 가파른 내리막길이 시작된다. 무릎이 아파오면서 게걸음을 하게 됐다. 산악회 버스 출발 시간을 맞추려면 서둘러야 하는데 다리가 말을 듣지 않았다. 공룡능선 산행을 하면서 무릎을 다치는 곳이 바로 금강굴 앞 하산길이다. 2005년 가을 등산을 시작한 이후 가장 힘들었던 곳으로 기억된다.

비선대를 지나, 지금은 철거된 와선대 주막 앞을 지나자니 그동안 "어디쯤 왔느냐?"고 전화로 체크를 하던 안내 산악회 대장이 "하산주 한 잔 하고 가세요."라고 권했다. "시간이 있나요?" 하고 물었더니 "괜찮습니다." 라고 대답을 했다. 빈대떡 안주에 막걸리를 게 눈 감추듯 마시고 발걸음을 재촉했다. 산악회 버스에 오르니 출발 시각인 15:00를 15분가량 지났다. 버스에서 기다린 등산객들의 눈초리가 따가웠다. 너무나도 죄송했다. 안내 산악회 대장이 "일행 중 다리를 다친 사람이 있어서 늦었다."고 양해를 구했다.

처음 경험한 설악산 산행은 이렇게 끝이 났다. 대청봉을 오르고, 공룡능선을 넘었다. 설악의 풍광을 눈으로 마음으로 마음껏 즐겼다. 가슴속에 뿌듯한 자부심 하나가 새로 자리했다. 잊을 수 없는 산행이었다.

5 대청봉으로 저녁 마실을 가다

2006년 1월부터 개인 블로그를 시작했다. 어느 민간 경제연구소 리포트에서 "따끈따끈한 정보를 블로그에 올리면 30분 만에 지구를 한 바퀴 돈다."는 글을 읽고 블로그를 개설했다. 블로그를 개설할 때는 직무와 연관된 농업·농촌과 관련된 글과 사진을 올릴 생각이었는데, 몇 달 전부터 산행에 빠지다 보니 의도와 달리 산행 블로그가 됐다.

어느날 블로그 이웃이 "대청봉으로 저녁 산책을 갔다."는 글을 올렸다. "뭐라고? 대청봉으로 저녁 산책을 간다고?" 충격이었다. 순간 '나도 가보자!'는 충동이 일었다.

회의가 있는 월요일에 휴가를

대청봉으로 저녁 산책을 가려면 중청대피소를 예약해야만 가능하다. 주말 대피소 예약은 하늘의 별 따기 만큼이나 어렵다. 고심을 거듭한 끝에 월요일에 휴가를 내고, 예약이 쉬운 일요일에 대피소를 이용하기로 했다. 나 홀로 대청봉을 가기 위해 2009년 6월 14일자로 중청대피소를 예약하고, 월요일인 15일은 휴가를 냈다.

설악산에는 수용 인원이 가장 큰 중청대피소를 비롯해 최근에 새로 지어 호텔급(?) 수준인 소청대피소, 공룡능선에서 가장 가까운 희운각대피소, 그리고 천불동계곡에 양폭대피소, 수렴동계곡에 수렴동대피소가 있다.

2006년 9월 오색-대청봉-공룡능선-설악동 소공원 코스로 설악과 첫 인연을 맺은 후, 이듬해 6월 무박으로 공룡능선 산행을 한 적이 있다. 그리고 흘림골을 한 번은 봄에 나 홀로, 한 번은 가을에 직장 동료들과 갔다 왔다. 자연휴식년제도로 출입이 통제됐던 흘림골은 한때 개방이 허용됐다가 수해 등을 이유로 다시 출입이 금지돼 있다. 2005년 가을 산행을 시작한 이후 관악산, 삼각산, 도봉산을 꾸준히 다녔지만 설악산 산행 경험도 일천한데다가 나 홀로 대청봉 산행은 부담으로 다가왔다.

직원에게 2인용 버너 코펠 일체형 취사 도구를 빌리고, 스틱도 카본 스틱으로 교체를 했다. 신록이 우거지기 시작하는 철이라서 복장에 대한 부담은 적었다. 직원의 조언을 받아 저녁과 아침은 그 당시 막 보급되기 시작한 전투식량 비빔밥으로 해결하기로 했다.

어디에서 등산을 시작하지? 백담사? 한계령? 고심을 하다가 밤에라도 한번 가본 경험이 있는 한계령에서 올라가기로 했다. 6월 14일 동서울버스터미널에서 08:30발 한계령 경유 속초행 시외버스에 몸을 실었다. 11:00쯤 한계령휴게소에 도착하니 구름 속이다. 그 빼어난 아름다움을 자랑하는 한계령휴게소도 제대로 보이지 않았다. 휴게소 식당에서 이른 점심을 하고 11:35 설악산 품에 안겼다.

언제부터인가 블로그에 산행기를 쓰면서 출발 시각은 물론이고 주요 지점별 통과 시각을 적기 시작했다. 그 기록은 다음에 같은 코스를 갈 때 많은 도움이 됐다. 다만, 산행을 하면서 개인 사진을 거의 담지 않다 보니, 그 당시 어떤 옷을 입었었는지 확인을 할 수 없어서 그 다음 산행을 준비할 때 아쉬움으로 남아 있다.

안개 속으로 들어가다

설악 품에 안기기 전에 사진으로 기록을 남기려고 하는데, 콤팩트 카메라가 제대로 작동을 하지 않았다. 뷰파인더로 번개 모양의 아주 좁은 화면만 보였다. 양쪽은 가려져서 아무것도 보이지 않았다. 낙심천만도 이런 낙심천만이 없었다. 백팔계단, 설악루, 위령탑을 지나 한계령탐방지원센터를 통과했다. 짙은 안개로 조망은커녕 주변마저 보이지 않았다. 조망이 없으니 무리하지 않고 앞만 보고 걸으면서, 등산로 주변에 핀 눈개승마, 인가목, 개회나무, 뒤늦은 철쭉꽃 등과 벗을 했다.

1307봉을 넘어 두 번째 오르막을 앞두고 잠깐 쉬는데 다람쥐가 앞에서 노닐고 있었다. 사실 그 지점은 쉴 곳이 아니다. 그때는 거리 감각이 없다보니 그냥 쉬었다. 귀여운 다람쥐를 담아보고 싶은 충동이 일어서 작동불량인 카메라를 꺼내 줌인을 했다. 그 순간 기적이 일어났다. 다람쥐가 정상적으로 담겼다! 이상하다 싶어서 카메라를 살펴보니 콤팩드 카메라에 부착된 렌즈 덮개가 얽혀서 반만 열린 상태로 있었다. 렌즈 덮개가 얽힌 걸 만져주고 카메라를 작동시키니까 정상이다. "야호!" 죽었다 살아난 것처럼 반갑기 이를 데 없었다. 다람쥐가 첫 사진을 장식했다.

다람쥐가 카메라를 고쳐 주고

세상사가 그렇다. 사전에 준비를 철저히 하고, 문제가 발생하면 원인을 파악해 대처하면 된다. 하지만 한계령휴게소에서 출발할 때처럼, 카메라가 작동되지 않는데도 왜 그런지 살펴보려고도 하지 않고 그대로 넘어가면 아무런 일도 할 수 없게 된다. 산행을 하려면 사전에 많은 준비를 하듯이 세상사도 많은 준비를 하고, 확인해 잘못된 점을 바로 잡으면 수월해진다.

한계령삼거리에 올랐다. 이곳에서 공룡능선이 조망된다. 하지만 아무것도 보이지 않았다. 대청봉을 향해 조금 가다가 벼락을 맞아 한쪽 면이 숯검뎅이로 변한 주목을 만났다. 그 이후 서북능선 산행을 할 때마다 그 주목을 찾아봤지만, 몇 번밖에 보지 못했다. 시야가 좋을 때는 그 주목이 보이지 않았다. 시야가 좋지 않을 때만 그 주목이 보였다. 궁할 때는 작은 것도 크게 보이고, 넘쳐나면 작은 것을 무시하는 세상사나 다름없다.

한계령삼거리에서 20분 정도 갔을까? 앞서 가던 등산객이 등산로 오른편에 위치한 바위로 올라가는 걸 보고 뒤따라 올라갔다. 그 바위에 오르니 구름 속에 작은 구상나무만이 눈앞에 자리했다. "저쪽이 어디지요?" 그 등산객에게 물었더니 "아마 오색 쪽일 겁니다." 한다. 그 분은 산행에서 만난 몇 안 되는 등산객 가운데 한 명이었다.

혼자 가는 길 중간에 멧돼지가 땅을 헤집어 놓은 현장을 곳곳에서 목격했다. 큰 나무의 껍질을 벗겨 놓은 모습도 보였다. 금방이라도 멧돼지가 뛰어나올 것 같았다.

개선문을 가기 전, 어디인지도 모르는 지점에서 쉬면서 간식을 먹었다. 개선문을 거쳐 끝청 깔딱고개를 올랐다. 끝청 오르막이 시작되기 직전 등산로 상에 아치형 나무가 자리하고 있었는데, 아치형 나무를 개선문이라고 불렀다. 서북능선의 상징 같았던 개선문은 어느 해 겨울을 나면서 부러져서 지금은 사라졌다.

깔딱고개를 올라가니 끝청이다. 서북능선을 멋지게 담은 사진 안내판이 자리하고 있지만, 남쪽으로 구상나무만 몇 그루 보였다. 2년 전 기억을 되살려 용아장성이 보이는 곳으로 자리를 옮겼다. 그곳도 구름이다. 그 순간 갑자기 구름이 열리면서 용아장성 암봉 일부가 보였다. 일단 사진을 담고 더 열리기를 기다렸다. 아쉽게도 그게 전부였다. 경관이라고는 한계령에서 대청봉까지 가도록 한순간 나타났다 사라진 용아장성 암봉 하나만 볼 수 있었다.

16:44 중청대피소에 도착했다. 구름이 얼마나 자욱한지 끝청갈림길에서도 중청대피소가 잘 보이지 않았다.

구름 속 대청봉에 오르다!

대피소 체크인을 하고 17:13 대청봉에 올랐다. 바람 한 점 없었다. 흐드러지게 핀 범꼬리가 반갑게 맞아줬다. 대청봉 표지석은 다람쥐들이 차지하고 있었다. 나 홀로다!

중청대피소 쪽을 뒤돌아보니 대피소가 희미하게 보이는가 싶더니 다시 구름 속으로 숨어버렸다. 배낭을 내려놓고 휴식을 취하며 카메라와 놀다보니 머리 위로 파란 하늘이 보이기 시작했다. 운해가 눈앞에 펼쳐지고 산봉우리도 나타났다. 중청봉이 먼저 얼굴을 내밀더니 귀때기청봉과 가리봉도 얼굴을 보여줬다. 동해 쪽에서 몰려오는 구름과 술래잡기를 반복하던 중청봉 위로 햇살이 쏟아져 내렸다. 북동쪽으로 황철봉이 나타나더니 마등봉이 보이고, 이어서 나한봉, 공룡능선의 중심인 1275봉도 머리를 내밀었다. 설악산 봉우리들이 높이 순으로 드러나고 있었다. 그러다가 동해 쪽에서 구름이 다시 밀려들면서 중청봉을 두고 운해쇼가 펼쳐지더니, 천불동계곡을 덮고 있던 운해도 조금씩 낮아지면서 줄어들기 시작했다. 그 장관을 나 홀로 대청봉에서 즐기고 즐겼다. 그러던 중 오색에서 등산객 한분이 올라왔다. 같이 운해를 즐기면서 기념 사진도 서로 찍어줬다.

구름 위 대청봉에서 만찬을

배낭에서 준비해 간 전투식량 비빔밥을 꺼내 생수를 부었다. 대청봉에서 물을 부어가지고 내려가서 중청대피소에서 바로 먹을 생각이었는데, 그 날 저녁은 대청봉에서 했다. 구름이 낮아지면서 사방팔방에서 장관이 펼쳐지는데 대청봉에서 내려갈 수 있겠는가? 구름 위에 만찬 식탁이 차려졌다. 반찬도 없는 전투식량 비빔밥이었지만 그보다 더 훌륭할 수 없었다. 그때 중청대피소에서 한 분이 조그만 양주를 가지고 올라오셨다. "구름이 걷히고 파란 하늘이 펼쳐지는데 중청에만 있을 수 없었습니다." 그 분이 말했다. 둘이서 양주로 정상주도 마셨다. 지금은 국립공원에서 음주 행위가 금지돼 있다.

저녁에 대청봉으로 산책을 가고 싶어 찾은 설악산 산행은 대청봉에서 지상 최고의 만찬을 즐기며 기쁨을 만끽했다.

"내일은 어디로 가실 건가요?" 중청대피소에 내려와 어둠이 찾아드는 외설악을 바라보고 있는데, 대청봉에서 정상주를 같이했던 분이 물었다. "내일 아침에 봐서 경치 좋은 곳으로 길을 찾아가려고 합니다."

중청대피소에서 또 호사를 누렸다. 대피소에서는 통상적으로, 어깨 폭보다 조금 넓은 공간에서 머리나 발을 복도 쪽으로 두고 취침을 해야 한다. 그런데 그날은 대피소가 한가한 덕분에 복도와 평행하게 누워 잠을 청했다. 그날 오전 속초와 설악동에 많은 비가 내려서 예약자들이 많이 올라오지 않았기 때문이었다. 백두대간 동쪽에 내린 비는 한계령에서 시작해 대청봉에 오를 때까지 구름 속을 걷게 했지만, 대청봉에서 운해쇼를 보여줬고 대피소를 7성급 호텔(?)로 만들어줬다. 실악에 어둠과 함께 찾아드는 고요함만큼이나 마음이 평온했다. 걱정했던 무릎도 좋았다. 자신감도 샘솟았다. 그렇게 악은 친근한 친구로 다가왔다.

57

2부 속살

2018년 7월 22일 일출 직전 대청봉에서 바라본 서북능선.

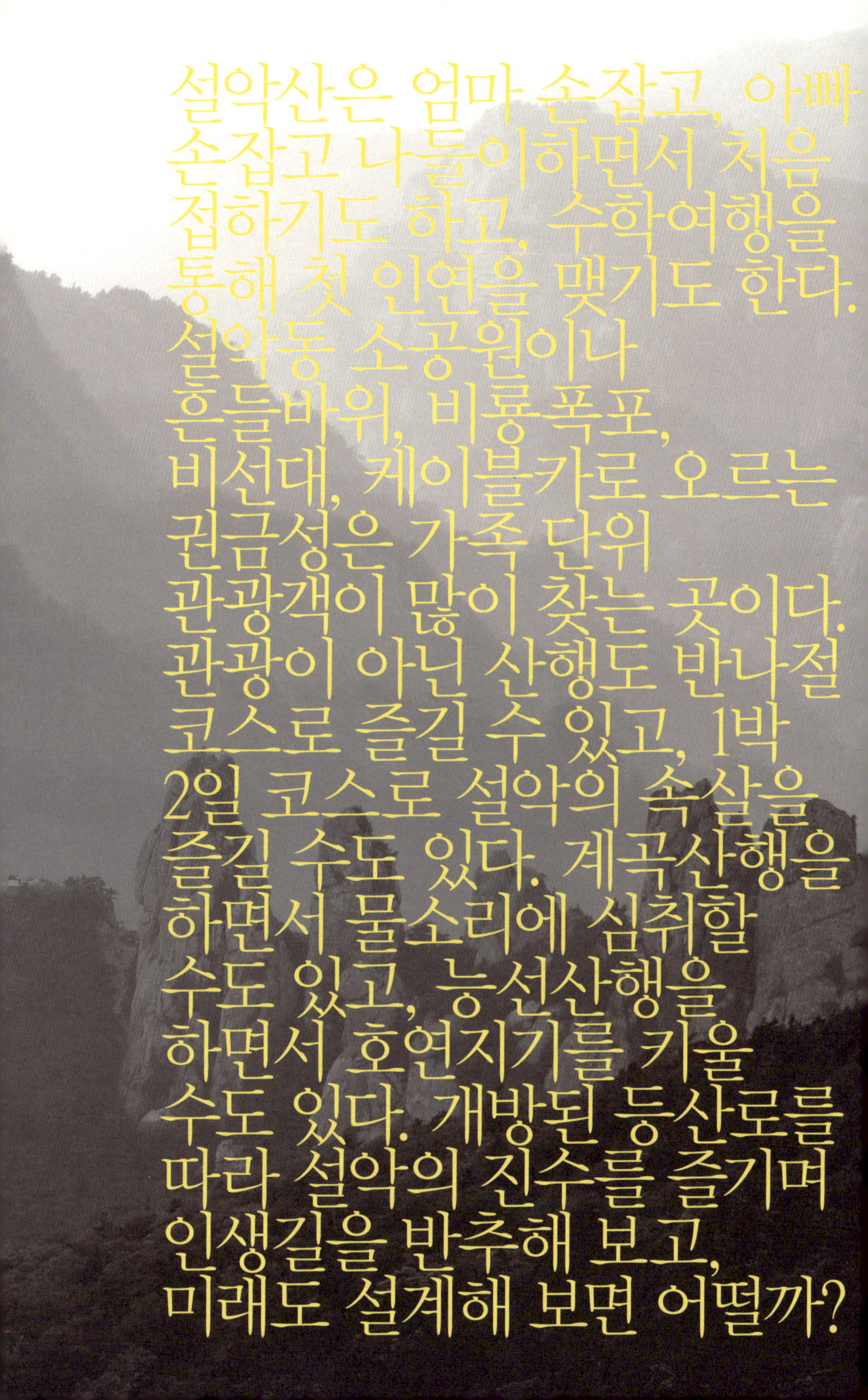

설악산은 엄마 손잡고, 아빠 손잡고 나들이하면서 처음 접하기도 하고, 수학여행을 통해 첫 인연을 맺기도 한다. 설악동 소공원이나 흔들바위, 비룡폭포, 비선대, 케이블카로 오르는 권금성은 가족 단위 관광객이 많이 찾는 곳이다. 관광이 아닌 산행도 반나절 코스로 즐길 수 있고, 1박 2일 코스로 설악의 속살을 즐길 수도 있다. 계곡산행을 하면서 물소리에 심취할 수도 있고, 능선산행을 하면서 호연지기를 키울 수도 있다. 개방된 등산로를 따라 설악의 진수를 즐기며 인생길을 반추해 보고, 미래도 설계해 보면 어떨까?

● 2018년 7월 22일 일출 직전 대청봉에서 바라본 서북능선.

● 장수대에서 대승폭포로 오르는 길에 만난 단풍.

●● 십이선녀탕계곡은 빼어난 예술성을 자랑하며, 단풍도 아름답기 그지없다.

● 봉정암에서 오세암으로 가는 길에 보이는 용아장성. 마치 용의 송곳니 같다.

●● 귀때기청봉~대승령 구간은 엄청난 난이도를 보여주지만, 야생화가 흐드러지게 피어나 지친 몸을 달래준다.

● 관세음보살과 다섯 살 아이의 전설을 담고 있는 오세암. ●● 등산로 나뭇가지에 매달려 있는 '안전길잡이' 표시. ●●● 공룡능선 나한봉 아래 협곡구간은 밧줄을 잡아야만 올라갈 수 있는 힘들고, 정체가 심한 곳이다. ●●●● 설악산 다람쥐는 배낭을 내려놓으면 모여든다.

1 대청봉을 가장 빨리 오르는 '오색-대청봉 길'

"대청봉을 가고 싶은데 아직 못 가봤어요." 지인들과 설악산 얘기를 하다 보면 이런 말을 많이 듣는다. 설악산 정상인 대청봉은 한번은 꼭 가고 싶은 곳이다. 그렇다고 마음만으로 갈 수 있는 곳은 아니다. 체력이 뒷받침되지 않으면 오르기 쉽지 않다.

설악산이나 지리산 등 높고 큰 산을 원정 산행할 수 있는 기본적인 체력은 어느 정도면 될까? "삼각산(북한산) 백운봉(백운대)을 힘들이지 않고 오르고, 하산해서 다리가 아프지 않으면 국내 어떤 산도 큰 부담 없이 오를 수 있다." 경험에서 얻은 주관적인 생각이다. 일 년에 몇 번 하는 산행만으로는 체력적인 부담을 느끼지 않고 백운봉을 오를 수 없다. 매주, 아니면 2주에 한번 정도는 백운봉이 아니더라도 서너 시간 이상 산행을 하고, 가끔 백운봉이나 백운봉 수준의 난이도를 갖춘 산을 찾아야만 그런 정도의 체력을 유지할 수 있다. 해발 고도 836m인 백운봉은 곳곳에 가파른 곳도 많고, 와이어 로프를 잡아야 하는 구간도 있다.

삼각산 백운봉을 오를 수 있는 체력은 기본

대청봉을 가장 빨리 올라갈 수 있는 코스는 양양군 서면 오색리에서 출발하는 길이다. 거리는 5km이다. 4시간 정도면 올라갈 수 있다. 원점으로 하산을 하는데도 4시간을 잡아야 한다. 왕복 8시간이 소요된다. 설악산국립공원에서 산정한 시간이다. 대청봉 소재지는 행정구역상 양양군이다. 전에는 대청봉에 '양양이라네'라고 새긴 표지석도 있었지만 철거됐다.

오색약수로 유명한 오색은 접근성이 좋다. 서울에서 한계령을 경유하는 속초행 버스는 친절하게 남설악탐방지원센터 앞에 내려준다. 서울 출발 안내 산악회 버스는 장수대, 한계령, 남설악탐방지원센터 세 곳에 등산객을 내려준다. 오색과 남설악탐방지원센터는 다른 곳이다. 남설악탐방지원센터는 한계령을 넘는 44번 국도 바로 옆에 위치해 있고, 오색은 양양군 서면 오색리를 말한다. 오색에서 버스를 하차하면 1km 이상을 되돌아 올라가야 남설악탐방지원센터에 도착할 수 있다.

세 번의 된비알이 가로막는 길

남설악탐방지원센터에서 대청봉 가는 길은 중간에 약간의 오르내림이 있을 뿐 계속 오르막이다. 시작 구간과 중간 구간, 마지막 구간은 경사도가 완만한데, 전체 코스 가운데 60% 정도에 해당한다. 전체의 40% 정도를 차지하는 급경사 구간은 크게 세 곳으로 나눌 수 있다.

남설악탐방지원센터를 통과하면 평탄한 길이 반겨준다. 조금 들어가면 계곡물이 흐르고, 위에 놓인 다리를 건너면 데크 길이 이어진다. 설악 품에 안겼다는 즐거움에 콧노래가 절로 나오지만, 0.5km 지점부터 사라진다. 급경사 길이 이어지기 때문이다.

급경사 길은 1km 지점까지 계속된다. 곳곳에 나무 벤치가 설치돼 있다. 그만큼 녹록하지 않은 구간이라는 반증이기도 하다. 1km 지점을 지나면 급경사 구간이 끝나고 경사도가 낮아지지만 1.5km 지점인 오색1쉼터까지는 오르막길이 이어진다. 설악산국립공원은 남설악탐방지원센터에서 오색1쉼터까지 경사도를 28.0%라고 안내판에 표기하고 있다. 초반 0.5km는 거의 평지이고, 1km 지점 이후 1.5km 지점까지는 경사가 그리 심하지 않은 점을 감안하면 0.5km~1km 지점 구간 경사도가 얼마나 심한지 짐작을 할 수 있다. 0.5km를 가면서 해발 고도를 480m에서 690m로 높여야 한다. 경사도가 극심한 구간이다 보니 1km 지점까지 가려면 중간중간에 마련된 쉼터에서 배낭을 내려놓지 않을 수 없게 한다. 오색1쉼터까지는 한 시간 이상 걸린다. 설악산국립공원은 남설악탐방지원센터에서 오색1쉼터까지 1시간 20분이 걸린다고 소개하고 있다. 산길은 시간당 2km를 걷는 게 일반적이다.

오색1쉼터는 땀을 식히고, 에너지를 보충하는 곳인데, 두 그루의 금강소나무가 반겨준다. 금강소나무 뒤로는 남설악의 바위들이 나뭇가지 사이로 들어온다.

완만한 길을 걸어 데크 쉼터가 있는 1.7km 지점을 지나면 오르막과 내리막 계단이 이어지는 구간이다. 제법 높은 계단을 올라가고,

내려가고 나면 2km 지점부터 호사를 누리게 된다. 오른쪽에서 물소리가 들리기 시작한다. 길도 평탄하고, 데크 길도 있다. 오른쪽에 계곡을 끼고 물소리를 들으면서 가는 길은 대략 0.9km 정도 계속된다. 중간에 설악폭포도 자리하고 있는데, 잘 보이지 않는다. 규모도 크지 않은데 설악폭포라는 이름이 붙은 게 의아하다. 이 구간은 하얗게 치장을 한 사스래나무 군락지가 색다른 풍경으로 다가온다.

물소리 들으며 호사를 누리는 구간도

물소리를 들으며 호사를 누리다 보면 철제 다리가 나온다. 그 다리를 건너면 최악의 된비알이 앞을 막는다. 이곳에서 쉬면서 체력을 보충하는 것도 좋은 방법이다. 개인적으로는 이 비탈길이 대청봉으로 가는 구간 중 경사도가 가장 심한 것 같다. 겨울철에 눈 쌓인 이 비탈길을 오르려면 뒤로 미끄러지기 일쑤이다. 두 걸음 올라가면 한 걸음을 미끄러지기도 한다. 그 정도로 된비알이다. 이 비탈길을 지도상에서 확인해 보면 등고선 숫자가 7개나 된다.

그곳을 올라가면 대청봉까지 2km 남았다고 안내를 하는 이정표가 반겨준다. 3km를 올라왔다. 그 옆에 해발 1113m를 알리는 국가지점번호 안내목도 있다. 전에는 이정표에 이곳 높이를 1110m로 표기해 놓았었다. 여기서부터 능선을 따라 올라가는 공포의 계단길이 시작된다. 그나마 다행인 점은 설악산국립공원이 철제 계단을 설치해 등산로가 많이 좋아졌다. 전에는 이곳부터 시작되는 계단의 높이가 들쭉날쭉하고 워낙 높아서 허벅지에 힘을 줘야만 오를 수 있는 곳이 많았었다. 높은 계단을 오르려면 허벅지에 힘이 들어가기 때문에 체력은 급속도로 저하된다. 계속해서 이어지는 계단을 올라가다가 힘이 들면 쉬기를 반복하는 방법 이외에는 묘수가 없다. 등산로 주변에 원시림 같은 아름드리 전나무와 신갈나무가 달래준다.

급경사 비탈길은 그리 길게 이어지지는 않는다. 3.5km 지점인 오색2쉼터 직전부터 완만한 비탈길이 나오지만, 해발 고도 1256m인 오색2쉼터부터 다시 마지막 최악의 비탈길이 0.3km 가량 이어진다. 오색2쉼터에 도착하면 체력은 고갈될 대로 고갈된다. 충분한 휴식을 취하고 마지막 급경사 구간을 오를 준비를 하는 게 좋다. 마지막 비탈길은 철제 계단이 대미를 장식한다. 철제 계단을 다 오르고 나면 앞에 평탄한(?) 길이 시작된다. 대청봉까지 1.2km를 더 가야 하지만 경사가 그리 심하지 않다. 대청봉을 빨리 오르고 싶은 의욕이 되살아나게 하는 길이다.

설악산국립공원은 남설악탐방지원센터 3.2km 지점부터 대청봉 구간이 경사도 30.1%의 난이도 최고 구간이라고 소개하고 있지만 사실과 다른 듯하다. 난이도 최고 구간은 앞에서 소개했듯이 남설악탐방지원센터 3km 지점 직전 된비알부터 계속된다. 거기에다 대청봉을 1km 남긴 지점부터는 경사도가 완만해진다. 사실은 거리 표시목이 없어서 확인은 안 되지만, 급경사 등산로는 대청봉을 1.2km 정도 남겨둔 지점에서 끝이 난다. 이런 점을 감안하면, 남설악탐방지원센터 3km 지점 직전 된비알부터 대청봉을 1.2km를 남겨둔 지점까지 이어지는 구간은 경사도가 40%에 가깝지 않을까 하는 생각을 해본다.

공포의 계단 길 끝나면 발아래 구름이

계단 길은 참 힘들다. 힘을 덜 들이는 산행법은 짧은 보폭이다. 하지만 계단 길에서는 이 방법이 통하지 않는다. 보폭도 계단에 맞출 수밖에 없기 때문이다. 이 계단은 하산할 때도 땀을 흘리게 한다. 이 코스를 오르다 보면 대청봉을 만나기 전에 특별한 선물을 받기도 한다. 몇 번 쉬다 보면 등 뒤로 점봉산이 발아래 위치하고, 운해가 발밑에 펼쳐지기도 한다. 맑은 날에는 점봉산에서 단목령과 조침령을 거쳐 오대산 두로봉으로 이어지는 백두대간, 방태산과 오대산이 수를 놓은 산그리메가 아스라이 다가온다. 힘들었던 순간을 잊게 한다.

등 뒤로 산그리메가 펼쳐지면 대청봉이 가까워진다는 신호이다. 가파른 등산로가 꼬리를 감추고 나면 진행 방향 왼쪽으로 중청봉이 눈에 들어온다. 등산로 옆으로는 사람 키 높이보다 높게 줄이 매여져 있다. 겨울철 눈이 많이 내렸을 때 등산로 안내 표시이다. 좀 더 걷다 보면 그동안 벗이 되어준 아름드리나무가 사라지고, 잡목들이 나타나고, 길도 완만해진다. 오른쪽 발아래로 갑작스럽게 푸른 동해가 반겨준다. 옛 대청벙커 자리가 오른쪽에 있고, 고개를 들면 대청봉이 거짓말처럼 눈앞에 자리한다. 대청봉 왼쪽으로는 서북능선이 다가온다. 대청봉 정상에 서면 일망무제가 펼쳐진다. 쾌청하고 시야가 좋은 날에는 북으로는 금강산, 남으로는 가리왕산, 서쪽으로는 화악산까지 눈앞에 다가오기도 한다. 5km의 가파른 오르막을 오르면서 흘린 땀의 대가는 충분하다. 땀을 흘리고 올라간 사람만이 누릴 수 있는 특권이다.

지점별 통과 시간

2013.2.16

남설악탐방지원센터 9:40–대청봉 13:20–중청대피소 점심 후 출발 14:40–무너미고개 16:07–양폭대피소 16:43–비선대 18:00–설악동 소공원 입구 18:50

2015.2.20

남설악탐방지원센터 9:05–대청봉 12:20–중청대피소 12:37 점심 출발 13:03–무너미고개 헬기장 13:55–양폭대피소 14:40–비선대 15:55–소공원 16:56

2016.1.1

남설악탐방지원센터 03:05–데크 쉼터 04:05–1113고지 05:00–대청봉 07:00 주) –중청대피소 08:05–소청대피소 아침 후 출발 08:40–봉정암 사리탑 09:01–봉정골 09:23–수렴동대피소 10:47 간식–백담사 12:49–용대리 마을버스주차장 14:17

주) 일출 시간보다 너무 일찍 대청봉에 도착해 시간을 보내느라고 중청대피소 방향으로 내려갔다가 다시 올라감

2019.7.19

대청봉 06:18–오색2쉼터 07:00–1113고지 07:26–오색1쉼터 08:20–남설악탐방지원센터 09:06

2 이보다 더 좋을 수는 없다 '한계령-대청봉 길'

감탄사가 쏟아지는 길이다. 한계령-대청봉 길은 8.3km를 오르락내리락하며 백두대간을 따라가는 코스이다. 5시간 20분 정도 소요된다. 부지런히 가면 4시간 반, 사방팔방으로 펼쳐지는 절경을 즐기며 가다보면 6시간 반 가량 걸린다.

순수하게 고도를 900m 가량 올라가는 길이다. 해발 고도만 따지면 삼각산(북한산) 백운봉보다 200m 정도 높지만 산행 거리가 길어 만만치 않다. 한계령에서 출발해 대청봉 일출을 보기는 쉽지 않다. 설악산의 빼어난 풍광을 즐기는 코스로 최고이다.

2007년 6월 무박으로 공룡능선 산행을 할 때 처음 걸었다. 그 후 혼자도 가고, 친구들과도 가고, 당일 산행으로도 가고, 중청대피소나 소청대피소, 희운각대피소에서 숙박을 하는 1박2일 일정으로도 가고, 눈이 부시게 푸르른 날도 가고, 비바람을 맞으면서도 가고, 녹음이 짙을 때도 가고, 눈이 덮였을 때도 가보곤 했다. 가도가도 다시 가고 싶은 코스이다.

한계령은 44번국도 인제군과 양양군 경계에 위치한다. 해발 고도는 920m. 한계령은 빼어난 경치를 자랑한다. 정상에서 양양 쪽으로 보이는 남설악 능선대를 좌우로 한 7형제 암봉군은 감탄사를 연발하게 한다. 건축가 김수근, 류춘수 님이 설계한 한계령휴게소 건

물은 주변 환경과 절묘한 조화를 이룬다. 1983년 한국건축가협회상 본상을 수상했다.

초반 1km 오르막길이 첫 고비

설악산 품에 안기려면 첫발부터 계단이 맞아준다. 백팔계단이다. 계단도 어마무시하게 높다. 워밍업도 못하고 곧바로 가쁜 숨을 몰아쉬어야 올라갈 수 있다. 산행 초반 30분은 무리를 하지 않고 천천히 걷는 게 산행 요령이지만, 이곳에서는 그럴 기회조차 없다. 그 무지막지한 계단을 한계령휴게소에 잠깐 들렀다 가는 관광객도 올라간다. 백팔계단을 오르면 정자인 설악루가 정면에서 맞아주고, 오른쪽으로 몇 걸음 옮기면 위령탑이 나온다.

이 위령탑은 44번국도 건설 도중 희생한 군인들을 기리는 탑이다. 한계령을 넘는 44번국도는 1971년 3군단 소속 군인들이 건설을 했다. 1972년 세운 위령탑 뒷면에는 군단장이라는 글자 아래 음각으로 새겨져 있던 이름 석 자가 지워진 흔적을 볼 수 있다. 1979년 10월 26일 박정희 대통령을 시해한 당시 김재규 중앙정보부장 이름이 새겨져 있었는데, 누군가가 음각된 글씨를 지웠다. 김재규는 군부대 3군단이 44번국도를 건설할 당시 군단장이었다. 위령탑을 지나면 아주 조그마한 크기의 한계령탐방지원센터가 나온다.

탐방지원센터를 지나 곧바로 접하는 철제 계단을 올라가면 주변 경치를 즐길 수 있다. 서쪽으로 보이는 높은 봉우리가 장관으로 다가온다. 가리봉이다. 가리봉은 높이가 1518m나 되지만 설악산에 자리하다 보니 봉우리 취급을 받는다. 가리봉은 주걱봉과 삼형제봉 등 빼어난 암봉도 품고 있다. 한계령 기점 1km 지점까지는 공포의 오르막길이다. 경사도가 31.6%나 된다. 참고로 무너미고개에서 소청봉 올라가는 구간 경사도가 32.5%이다.

한계령 출발 0.5km 지점 직전 철제 계단을 오르다 뒤를 돌아보면 능선에 자리한 커다란 바위가 해학적인 모습으로 다가온다. 점봉산 서쪽에 자리한 망대암산도 둥그런 시루 모양으로 다가온다. 0.5km 지점 이정표 자리는 쉼터이다. 잠시 목을 축이고 나면 1km 지점까지 가파른 오르막이다. 오르고 올라도 오르막이 계속된다. 오르막이 끝나는 지점에 1299m 표지목이 자리하고 있다. 한계령휴게소에서 1km를 왔다. 대청봉을 가는 최대의 고비를 넘기게 된다.

조금 더 가면 1307봉이다. 1307봉에서 조망이 터지는 지점을 찾아가면 눈앞에 가리봉이 다가온다. 그곳에서 잘 살펴보면 지도상에도 등고선으로 표시된 감투 모양의 암봉인 감투봉도 즐길 수 있다. 1307봉을 넘어 조금 내려가면 등산로가 9시 방향으로 휘어진다. 발길을 멈추고 앞에 자리한 바위를 살펴보면 사람들이 오르내린 흔적이 보인다. 그 바위가 한계령-한계령삼거리 구간에 만나는 최고의 조망 포인트이다. 한때는 출입을 제한하는 줄이 쳐져 있었는데 얼마 동안 있다가 없어졌다. 그곳에서 가리봉, 귀때기청봉, 1459봉과 그 아래도 펼쳐진 너덜이 조망된다. 조망 포인트 오른쪽으로는 바로 천길 낭떠러지다. 출입이 통제됐던 이유로 보인다.

그 지점부터 경사도가 심한 내리막길이다. 8월 하순이면 내리막 구간에서 금강초롱 꽃을 만날 수 있다. 내리막이 끝나면 잠시 평탄한 길이 나오다가 다시 오르막길이다. 그리 높지 않다. 다시 내리막길이 시작되고, 계곡을 가로지르는 철제 다리가 나온다. 그 다리는 2006년 설악산 수해 이후 놓여졌다. 수해가 있기 전에는 다리 위쪽에 샘이 있었다고 하는데, 수해로 사라졌다. 다리 건너 오른쪽에 동자꽃 군락지가 있었는데, 언젠가 사라졌다.

다시 오르막길이고, 철제 계단이 놓여있다. 철제 계단을 올라가면서 뒤를 돌아보면 넘어온 1307봉과 그 오른쪽에 자리한 감투봉, 그 뒤로 멀리 점봉산으로 이어지는 백두대간이 아름답게 펼쳐진다. 철제 계단을 오르다보면 오른쪽에 비박을 할 수 있을 정도의 공간을 품고 있는 바위가 있는데, 비박바위라고 부르기도 한다. 오르막 계단이 끝나면 등산로가 오른쪽으로 휘어지는데, 왼쪽으로 발길을 옮기면 조그만 바위가 자리하고 있다. 그 바위로 가면 전혀 예상치 못한 풍경을 접할 수 있다. 멀리는 가리봉이, 가리봉 앞으로는 상투봉이, 상투봉 앞 계곡에는 바위들이 줄지어 자리하고 오른쪽으로는 귀때기청봉도 다가오는 절경이 펼쳐진다.

한계령삼거리에서 공룡능선을 즐겨야

2분 정도 가면 서북능선 상에 자리한 한계령삼거리다. 오른쪽으로 가면 대청봉이고, 왼쪽으로 가면 귀때기청봉이다. 한계령삼거리에서 능선으로 몇 걸음 직진하면 용아장성과 공룡능선, 동해가 눈앞에 펼쳐진다. 감탄사가 쏟아지는 풍경이다.

한계령삼거리부터 능선길이다. 5분 정도 가면 오른쪽으로 뻥 뚫린 협곡 같은 지점이 나오는데, 조망 포인트다. 지나온 1307봉을 비롯해 점봉산도 조망된다. 그곳에서 오른쪽 위로 보이는 암봉이 장관이다. 대청봉에서 달려온 백두대간이 한계령 방향으로 좌회전하는 지점에 위치한 그 암봉은 빼어나기가 이를 데 없다. 지리적 위치나 빼어난 아름다움으로 이름이 있을 만도 하지만 없다. 그곳에서 몇 걸음 가면 오른쪽에 강아지바위가 자리하고 있다. ET바위라고도 하는데, 그 위에 올라가 사진을 담는 등산객도 많지만 위험해서 올라갈 엄두가 나지 않는다.

숲길과 숲길 중간에 자리한 조망 포인트 1459봉

강아지바위에서 약간의 오르막길을 넘으면 대청봉과 중청봉, 공룡능선을 조망하는 전망대가 자리하고, 좀 더 가면 너덜 구간이 나온다. 너덜을 지나면 왼쪽에 잠시 조망이 나타나고, 오르막 바위길이 나온다. 그곳을 지나 능선에 올라서면 오른쪽으로 큰 바위가 자리하고 있다. 그 바위는 서북능선 최고의 조망 포인트이다. 그곳부터는 힘들지 않은 길이 이어지는데, 조망은 사라지고 숲속 길이다. 한참을 가다보면 다시 조망이 트이고, 등 뒤로 절경이 펼쳐진다. 그곳에서 조금 더 가면 오른쪽 아래로 너덜이 펼쳐지는 1459봉에 도착한다. 이정표가 4.1km를 왔고, 대청봉까지 4.2km 남았다고 알려 준다. 한계령에서 1307봉을 넘어 조망 포인트에서 보았던 그 너덜이다. 1459봉을 지나면 조망 없는 지루한 능선길이 쭉 이어지지만, 6월부터 8월까지 수없는 야생화와 같이할 수 있다.

능선을 따라 걷는 평탄한 숲길은 끝청을 앞두고 비탈길로 바뀐다. 대청봉까지 1.9km 남았다고 알려주는 이정표가 있으며, 해발 1496m 지점이다. 이쯤이면 피로를 느끼게 된다. 쉬면서 체력을 충전한 후 끝청을 오르는 게 좋다. 전에는 이 이정표 직전 등산로 상에 개선문이라고 부르던, 살아 있는 아치 모양의 나무가 있었다.

옛 개선문 자리에서 해발 1604m의 끝청을 오르는 길은 지친 다리로 20분 정도 땀을 흘려야 한다. 하지만 반쯤 올라가면 등 뒤로 조망이 펼쳐지기 때문에 쉬엄쉬엄 조망을 즐기다보면 생각보다 쉽게 올라갈 수 있다. 힘든 오르막을 오를 때는 중간중간 뒤를 돌아보면서 경관도 즐기며 가는 것도 요령이다. 다리 피로는 풀리고, 눈은 호강을 한다. 2010년 7월 17일 비를 맞으면서 나 홀로 끝청을 올라갈 때는 두꺼비와 동행을 한 추억도 있다.

끝청에 올라서면 감탄사를 연발하지 않을 수 없다. 끝청에는 사진 안내판이 있다. 끝청에서 보이는 서북능선과 가리봉, 점봉산 위치를 알려주고 있다. 눈앞에 보이는 봉우리 이름을 알고 경치를 즐기면 더 아름답고 가슴에 와 닿는다. 남쪽으로 눈을 돌리면 역광으로 점봉산과 방태산, 계방산, 오대산이 연출하는 산그리메가 아스라이 다가온다. 점봉산과 가리봉 가운데로는 멀리 치악산도 자리하고 있다. 가까이는 너덜 사이사이에 자리를 잡은 구상나무가 반겨준다. 끝청에서 풍광을 즐기다 등줄기에 땀이 식을 때쯤 되면 용아장성과 금강산 구경을 할 차례이다.

대청봉 못지않은 일망무제

끝청에서 대청봉 방향으로 발을 옮기다보면 곧바로 합쳐지는 두 갈래 길이 나온다. 오른쪽으로 가면 그냥 중청봉으로 가는 길이고, 왼쪽으로 몇 걸음을 걸어가면 왼쪽에 바위가 나온다. 그 바위는 용아장성을 즐기는 조망 명소이다. 용아장성 만이 아니다. 내설악이 한눈에 들어온다. 용아장성은 암릉을 구성하는 첨봉들이 마치 용의 이빨을 닮았다고 해서 붙여진 이름으로 위용이 넘친다. 오른쪽으로는 웅장한 근육질 공룡능선이 자리하고 있다. 공룡능선 북쪽으로는 황철봉, 향로봉을 거쳐 금강산까지 조망된다. 공룡능선 동쪽으로는 동해 푸른 물결이 계절에 따라 아스라한 모습으로, 또 시원한 모습으로 다가온다. 용아장성 뒤로는 오세암도 눈에 들어온다. 왼편으로는 귀때기청봉에서 백운동계곡으로 뻗어 내린 암릉이 위용을 뽐낸다.

용아장성을 즐길 수 있는 곳은 끝청을 비롯해 중청봉에서 소청봉 내려가는 데크 계단 길, 소청대피소이다. 이곳에서는 용아장성 전체를 감상할 수 있다. 다른 한 곳은 봉정암 사리탑 바로 옆에 있는 전망대이다. 용아장성의 근육질 암봉과 암릉을 가장 가까이에서 느낄 수 있다. 또 다른 한 곳은 봉정암에서 오세암으로 가는 길에 나뭇가지 사이로 용아장성을 즐길 수 있다. 이곳에서 보자면 송곳니 같은 암봉이 눈앞에 다가와 용아라는 말을 실감한다.

용아장성을 즐기고 나면 대청봉으로 갈 차례다. 끝청에서 눈앞에 보이는 대청봉은 손에 잡힐 듯하지만 한 시간 가까이 소요된다. 끝청에서 중청봉까지만 1.2km 거리다. 중간에 중청봉을 휘감아 가다가 중청대피소를 거쳐야 대청봉으로 가게 된다.

중청봉으로 가다보면 7~8m 높이의 바위 절벽을 넘는 곳이 나온다. 그 바위 절벽을 넘어서서 곧장 등산로로 가지 않고 바위능선을 따라 왼쪽으로 몇 미터만 발걸음을 옮기면 또 다시 용아장성을 즐길 수 있는 최고의 조망 포인트가 있다. 내설악 전체가 눈에 들어오고, 대청봉도 손에 잡힐 듯 보인다. 이곳에서 보는 중청봉 자락의 단풍은 탄성을 자아내게 한다. 2011년 10월 3일 사스래나무의 흰색과 어우러진 가장 아름다운 단풍을 즐겼다.

중청봉으로 가는 길은 숲길이지만 야생화가 즐비해 또 다른 즐거움을 선사해 준다. 여름철이면 둥근이질풀, 산오이풀, 말나리, 새며느리밥풀, 도라지모시대가 흐드러지고, 가을이면 구절초가 반겨준다. 중청봉은 통제 지역으로 옆으로 돌아서 가게 된다. 전에는 중청봉 직전 왼쪽 길가에 윗부분이 잘린 고사목이 자리하고 있어서 길잡이 역할을 톡톡히 해줬는데, 언젠가 쓰러져서 안쓰럽다. 중청을 돌아가는 길도 조망이 좋다.

남쪽에 펼쳐진 조망을 즐기다 보면 중청대피소가 보이고, 대청봉과 소청봉으로 갈라지는 끝청갈림길이다. 공룡능선과 천불동계곡, 그리고 대청봉에서 동해 쪽으로 뻗어내려 화채봉을 만들고도 모자라 천불동을 감싸 안은 화채능선을 즐기는 행복을 누릴 수 있다. 공룡능선과 천불동계곡 뒤쪽으로 울산바위도 다가온다. 외설악은 물론 속초 시내까지 한눈에 들어오고, 동해 위로는 구름이 두둥실 떠 있는 모습을 즐길 수도 있다.

중청대피소 벤치에 앉아 쉬면서 목도 축이고, 고개를 들면 대청봉을 올라가고 내려오는 등산객들이 보인다. 그 대열에 합류해 발길을 옮기면 데크 길이 반겨주고, 오른쪽으로 눈잣나무가 땅바닥에 납작 엎드려 있다. 북서쪽에서 불어오는 강풍을 이겨내기 위해 땅으로 기면서 자라는 모습이 신기하다. 털진달래도 강풍을 이겨내기 위해 난쟁이처럼 자리하고 있다.

0.6km 거리 오르막 길을 걸어 순수 고도 100m 정도를 오르면 대청봉이다. 설악산 정상이다. 강풍이 부는 날은 강풍을 맞으며, 구름이 낀 날은 구름 속에서, 비가 내리면 비를 맞으며, 눈이 부시게 푸르른 날은 사방팔방을 그대로 즐기면 행복이다. 해가 동해 위로 붉은 기운을 토해내며 솟아오르는 대청봉 일출은 3대가 공덕을 쌓아야 볼 수 있다고 한다. 아침 햇살이 빚어내는 풍경은 환상적이라는

표현밖에 달리 뭐라 할 수 없다.

지점별 통과 시간

2010년 6월 6일

한계령휴게소 11:05–한계령삼거리 12:59–1459봉 15:04–끝청 16:22–중청대피소 17:36 체크인–대청봉 18:03

2010년 7월 17일(비)

한계령휴게소 12:23–한계령삼거리 13:40–끝청 15:50–중청대피소 16:30

2012년 9월 22일

한계령휴게소 11:30–1307봉 12:20–한계령삼거리 13:20–중청대피소 17:15

2013년 6월 7일

한계령휴게소 11:55–한계령삼거리 13:40–개선문 16:07–끝청 16:34–중청 17:20–희운각대피소 18:30

2014년 10월 3일

한계령휴게소 09:20–한계령삼거리 10:50–끝청삼거리 13:50–희운각대피소 15:00 점심–비선대 17:38–소공원입구 18:20

2017년 8월 2일

한계령휴게소 09:44–1307봉 10:30–한계령삼거리 11:15–1459봉 12:42–끝청 14:30–끝청 지나 조망 포인트 14:40 점심–중청대피소 15:30–대청봉 16:04–소청 하산길 놀멍쉬멍 운해 감상–희운각대피소 17:56

2019년 7월 18일

한계령탐방지원센터 12:58–한계령삼거리 14:47–1459봉 너덜 15:51–끝청 17:12–중청대피소 18:14–소청대피소 18:49

3 한계를 시험하는 '한계령-남교리 길'

조망이 너무나도 좋다. 귀때기청봉에 서면 대청봉, 중청봉, 소청봉, 끝청과 공룡능선, 동해, 금강산, 점봉산, 오대산, 계방산, 가리봉까지 보인다. 당일로는 어려운 장거리 코스다.

너무너무 힘들고 지루한 코스로 머릿속에 남아 있다. 거리나 난이도 면에서 공룡능선과 대등하면 대등했지 못하지 않다. 설악산국립공원 웹사이트에 '코스별 난이도'가 나오는데, 이 코스는 아직 소개되지 않고 있다. 한계령 서쪽에 위치해 등산객들이 많이 찾지 않다 보니 그런 것 같은데, 찾는 사람들이 늘고 있다. 대승령 정상에 서면 코스 구간별 난이도 안내판을 마주할 수 있다. 이 코스는 2019년 8월 24일 한 번 가봤다. 산행 거리는 18.6km이다. 2011년 7월 23일에는 한계령에서 출발해 귀때기청봉, 대승령을 거쳐 장수대로 하산을 해봤다. 두 번 모두 힘들고 지겹기 그지없었다.

8월 24일 한계령에서 02:42에 출발해 12시간 만에 인제군 북면 남교리로 하산을 했다. 대승봉 정상에서 50분간 충분한 휴식을 취한 걸 제외해도 11시간 10분이나 걸렸다. 충분한 휴식을 취하지 않았다면 하산 속도는 20~30분 더 늦어졌을 것이다. 산에서는 일반적으로 한 시간에 2km씩 가기 때문에 중간에 아침을 먹고, 간식을 먹는 시간을 감안하더라도 10시간 이내에 완주할 수 있는 거리이다. 하지만 현실은 달랐다. 아침과 간식도 샌드위치로 간단하게 먹고 부지런히 걸었지만 11시간 10분이나 걸린 셈이다. 부지런히 걷는다고 걸었어도 막바지에는 체력이 고갈돼 거북이나 다를 바 없었다. 혹독한 극기 훈련이었다. 귀때기청봉에서부터는 내려가는 길이라고 생각했다가 1408봉을 비롯해 산봉우리를 수없이 넘다보니 심리적으로 더 지쳤을 수 있다.

이날 산행은, 2011년 7월 23일 한계령-대승령-장수대 코스 산행을 하면서 힘들고 지겹다는 사실을 경험했기 때문에 멘탈은 붕괴되지 않았었다.

끝없이 이어지는 최고 난이도 길

한계령에서 1299고지까지 1km 구간도 힘들지만 더 힘든 구간이 기다리고 있다. 귀때기청봉 너덜 시작 지점부터 1408봉까지는 힘들고 힘든 난이도 최상의 구간이다. 최상의 난이도 구간만 4.8km나 된다. 그 다음은 능선을 따라 대승령까지 내려가는 길이지만, 수많은 봉우리를 넘어야 한다. 1408봉을 넘으려면 하늘로 치고 올라가는 느낌으로 다가오는 공포의 철제 계단을 두 번 올라야 하고, 또 철제 계단을 하나 내려가야 한다.

1408봉까지는 빼어난 풍광이 맞아주지만 그 이후는 조망도 없다. 대승령에 도착해 휴~ 하는 위안의 숨을 쉬지만, 대승령에서 대승봉을 오르는 길도 고도 143m를 높여야 한다. 30분간 땀을 더 흘려야 십이선녀탕계곡으로 가는 내리막길이 시작된다. 대승봉에서 복숭아탕으로 가는 길은 내리막이고, 복숭아탕부터는 평탄한 길이지만 남은 거리는 7.6km나 된다. 여전히 힘들고 지겨운 길이 이어진다.

공포감과 외경심으로 다가오는 너덜 구간

한계령에서 출발하면 서북능선을 만나는 한계령삼거리까지는 대청봉 코스와 같은 길이다. 한계령삼거리에서 대청봉 반대방향인 왼쪽 길로 접어들면 숲길이다. 등산로가 정비돼 있지 않아서 나뭇가지가 얼굴을 후려치곤 한다. 한눈을 팔다가 등산로가 아닌 곳으로 접어들어 고생도 했는데, 찾는 사람이 늘어나면서 그럴 일은 거의 없어졌다. 그래도 야간 등산을 할 때는 길을 잘 못 들어 당황하게 되는 경우도 발생을 한다. 길을 잘못 접어들면 되돌아오는 게 최선이다. 숲길 등산로는 큰 돌이 불쑥불쑥 튀어 나온 자연 그대로 상태라서 만만하지 않다.

그 숲길을 0.5km 가면 공포의 너덜 지대가 나온다. 너덜은 귀때기청봉의 상징 같기도 하다. 너덜이 얼마나 광활한지 신비스럽고 장엄하다. 외경심을 느끼게 한다. 너덜에 대한 놀라움과 경이감도 잠시다. 커다란 바윗돌이 제멋대로 널려있는 너덜을 건너려면 공포감이 엄습한다. 너덜은 귀때기청봉 남사면을 에워싸고 있으며, 귀때기청봉에 오를 때까지 등산로 세 곳에나 자리하고 있다.

너덜 지대는 한 걸음 한 걸음 내딛는 순간순간마다 위험이 도사리고 있다. 실수로 바위와 바위 사이를 잘못 딛게 되면 큰 부상을 당할 수 있기 때문이다.

너덜 구간에서는 방향을 잘못 잡기도 일쑤이다. 안전을 위해 밟기 좋은 바위만 골라서 발을 내딛다 보면 자신도 모르게 엉뚱한 방향으로 가고 있다. 그래서 너덜 구간에는 진행 방향을 안내하는 말뚝이 중간중간에 설치돼 있다.

한계령삼거리에서 해발 고도 1578m인 귀때기청봉 정상까지는 1.6km이다. 한 시간이면 갈 수 있다고 하는데 쉽지 않다. 난이도 최상의 구간인데다, 너덜을 건널 때 안전에 집중하다 보면 시간은 저절로 흐르고, 너덜의 장엄함도 즐겨야 한다. 귀때기청봉을 여러 번 올랐지만 한계령삼거리에서 한 시간 만에 귀때기청봉에 오른 적은 2016년 6월 5일과 2019년 5월 18일 일출산행 때 두 번 뿐이다. 헤드랜턴을 켜고 가다 보니 너덜 구경을 하지 않고 앞으로만 진행한 결과가 아니었을까?

너덜 초입에서 보면, 너덜을 한 번만 통과하면 귀때기청봉 정상에 도달할 것만 같다. 하지만 정상처럼 보였던 지점에 가면 정상은 다시 저 앞에 있고, 그곳에 가면 정상은 또 저 앞에 위치해 있다. 오르막을 세 번 올려야 정상이다. 그러다 보니 육체적으로는 물론이고 심적으로도 더 피로감을 느끼게 한다.

최고라고 자랑할 만한 귀때기청봉

너덜 지대에는 너덜만 있는 게 아니다. 그곳에서 보는 경관은 빼어나기 이를 데 없다. 너덜 지대부터 귀때기청봉을 넘어 너덜 지대를 다 벗어날 때까지 사방으로 펼쳐지는 경관은 장관 중 장관이다. 등 뒤로는 대청봉, 중청봉, 소청봉, 끝청이 응원을 해준다. 중청봉 북쪽으로는 공룡능선과 황철봉, 공룡능선 너머로는 동해가, 북쪽으로는 향로봉과 금강산까지 반겨준다. 공룡능선 앞으로는 용아장성을 비롯한 내설악을 장식하는 산봉우리가 실루엣처럼 다가온다. 남쪽으로 눈을 돌리면 1307봉 등 한계령에서 올라온 능선 길이 반추된다. 그리고 점봉산, 계방산, 오대산, 방태산 산군이 역광 속에 아스라한 산그리메를 그린다.

두 번째 너덜에 도착하면 귀때기청봉 남사면 너덜이 더욱 더 경이로운 모습으로 다가온다. 서북능선에 자리한 안산도 반겨주고, 남쪽으로는 가리봉이 장엄한 모습으로 다가온다. 이 같은 풍경은 귀때기청봉 정상에 도착할 때까지 이어진다. 귀때기청봉을 오를 때만 즐길 수 있는 특권이다.

귀때기청봉 정상에 서면 대청봉과 작별을 한다. 그 대신 1408봉-대승령-안산으로 이어져 마감을 하는 서북능선 후반부가 장엄하게 다가온다.

귀때기청봉에서 대승령이 6km, 대청봉이 6.7km, 하산 지점인 남교리까지는 14.7km로 대청봉에서 백담사까지 12.9km 보다도 멀다. 한계령에서 3.9km를 왔는데도, 앞으로 남은 산행 거리는 서둘러야 7시간 안에 갈 수 있을 정도로 멀고도 멀다. 이 정도면 귀때기청봉이 설악산에서 최고라고 우쭐댈 만도 하다. 안내 산악회는 한계령-남교리 구간을 무박산행으로 안내한다. 산행 시간은 13시간 정도를 준다.

귀때기청봉은 많이 올라봤지만, 대승령 방향으로 산행은 모두에 밝힌 것처럼 2011년 7월 23일과 2019년 8월 24일 두 번 경험했다. 2011년 7월에는 구름이 자욱해 손에 잡힐 듯 말 듯한 거리에 있는 가리봉의 빼어난 풍광도 즐기지 못했다. 그 대신 구름이 계곡 사이사이로, 암봉 사이사이로 내려앉아 선계 같은 모습을 곳곳에서 즐겼었다. 귀때기청봉을 넘어가다가 등 뒤로 공룡능선이 구름 속에 숨어서 숨바꼭질을 하는 모습을 보기도 했다.

2019년 8월에는 어둠 속에 귀때기청봉을 올랐다. 계절은 여름이었지만 귀때기청봉 정상에서는 가을꽃인 개쑥부쟁이가 반갑게 맞아줬다. 대청봉과 공룡능선 위로는 여명이 붉게 타고 있었지만, 시간에 쫓겨 일출을 맞이할 수 없었다.

귀때기청봉에서 진행 방향으로는 수많은 봉우리가 자리하고 있지만, 안산을 포함해 5개의 봉우리만 보인다. 두 번째 봉우리가 1408봉이고, 북으로 뻗은 능선에 큰감투봉이 자리하고 있다. 안산 앞에는 대승봉과 대한민국봉이 겹쳐서 보이는데, 왼쪽이 대한민국봉이다. 십이선녀탕계곡을 거쳐 남교리로 하산을 하려면 대승봉을 거쳐야 한다.

귀때기청봉에서 대승령으로 가는 길은 참으로 이해하기 어렵다. 가도가도 끝이 나오지 않는 능선길이다. 귀때기청봉에서 30분 정도 내려가면 오르막 계단이 맞아준다. 이 계단 번호는 22이다. 올라가고 내려가는 계단 22개를 통과해야 대승령이 나온다. 인생길 같기도 하다. 계단을 오르다 뒤를 돌아보면 너덜을 품은 귀때기청봉의 장엄한 모습이 다가온다.

한 시간 정도 걸으면 해발 고도 1471m 산봉우리에 오르게 된다. 귀때기청봉 1.2km 지점이다. 이 봉우리에 가기 전에 왜솜다리를 만나는 행운을 누릴 수도 있다. 왜솜다리는 공룡능선에 많이 자생하는 산솜다리와는 다르다. 산솜다리는 꽃잎과 몸 전체에 복슬복슬한 솜털을 뒤집어쓰고 있지만, 왜솜다리는 솜털이 보이지 않는다. 꽃도 왜소하다. 15분 정도를 더 가면 산봉우리가 또 나온다. 이 봉우리를 넘으면 믿기 어렵지만 평탄한 능선만 보인다. 이 봉우리에서 보는 경관도 절경이다. 가리봉과 안산이 조망된다. 한계령으로 가는 44번 국도 방향으로는 기기묘묘한 암봉 군이 발아래로 펼쳐진다. 이곳을 지나다보면 '어~? 이상하다. 1408봉 이후 평탄한 능선길이라는데? 그럼 좀 전에 지난 봉우리가 1408봉인가? 표지판을 보지 못했는데?' 하는 생각을 하게 된다. 앞에 평탄한 능선이 펼쳐지지만 1408봉은 한참 남았다.

22개 계단을 오르고 내려가야 대승령

능선을 걷다보면 너덜 지대가 나오는데, 40~50분을 더 가야 1408봉이다. 조그만 봉우리를 넘으면서 보면 앞에 암봉이 나타난다. 그 암봉 가운데로 끝이 없어 보이는 계단이 있는데, 바로 1408봉을 오르는 계단이다. 어떻게 저 계단을 오르지 하는 두려움이 엄습한다. 더더구나 계단을 오르면서 보면 한 개로 보이던 계단은 둘이나 된다. 두 번째 계단 역시 어마무시하게 높다.

1408봉을 넘으려면 다시 무시무시한 계단을 내려가야 한다. 1408봉을 오르내리는 계단은 경사도가 심한데다 계단 폭이 좁아 긴장의 끈을 놓을 수 없게 한다. 1408봉은 남쪽에서 보면 山(산)자 모양이다. 1408봉은 가리봉과 안산, 귀때기청봉을 감상할 수 있는 조망 명소이다. 1408봉 주변에서는 설악산에만 자생하는 특산종인 산솜다리를 만날 수 있다.

1408봉을 넘으면 난이도 높은 구간은 끝이 난다. 귀때기청봉에서 2시간 넘게 걸었는데 고작 2.8km를 왔다. 대승령까지는 3.2km로 평탄한 능선길이지만, 중간중간에 조그만 봉우리가 계속 이어지기 때문에 서둘러도 한 시간 반이 더 걸린다.

대승령은 하나의 산봉우리이다. 고갯마루는 능선 가운데서도 낮은 곳을 넘는 게 일반적인데, 대승령은 그렇지 않다. 2빈을 단 계단을 지나면 곧 대승령이겠구나 하는 생각을 하지만 대승령은 나타나지 않고 오르막길이 계속 이어진다. 그러다가 평탄한 길이 맞아주고, 갑자기 해발 고도 1210m 대승령 표지석이 눈앞에 다가온다. 대승령에 도착하면 몸은 지쳤지만 안도감을 느끼게 한다. 힘이 들면 왼쪽 방향으로 길을 잡아 장수대로 하산을 해도 된다.

야생화가 흐드러지게 피는 천상 화원

귀때기청봉-대승령 구간에서는 5월부터 9월까지 셀 수 없을 정도로 많은 종류의 야생화가 흐드러지게 핀다. 설악산에서만 즐길 수 있는 산솜다리와 바람꽃을 비롯해 왜솜다리와 참기생꽃 등 희귀한 꽃을 만날 수 있다.

대승령에서 산행 종점인 남교리까지 남은 거리는 8.7km이다. 대승봉 정상에 위치한 안산갈림길, 능선끝쉼터, 십이선녀탕계곡을 거쳐 남교리로 하산을 하게 된다(대승령-남교리 구간은 2부 4 '쉬운 듯 어려운 장수대-남교리 길'에서 설명하겠다).

18.6km를 걸어 산행을 마치면 몸은 힘들어도 뿌듯함이 느껴진다. 가슴 한구석에는 그 험하고 힘들고 지겨운 코스를 해냈다는 자부심이 자리하게 된다. 공룡능선 산행을 했을 때 느끼는 자부심과 같다.

지점별 통과 시간

2011년 7월 23일

한계령휴게소 09:22–한계령삼거리 10:50–귀때기청봉 12:07–귀때기청봉 1.2km 지

점 13:19–점심–1408봉 15:15–대승령 16:55–대승폭포 15:55–장수대 18:31

2019년 8월 24일

한계령휴게소 02:42–한계령 1km(1299m) 03:19–한계령삼거리 03:58–귀때기청봉 05:05–안전쉼터(1314m) 05:45–첫 계단(관리번호 22번) 05:50–귀때기청봉 1.2km 지점(1471m) 06:20–귀때기청봉 1.7km 지점 06:45–너덜 지대 06:56 아침(샌드위치)–1408봉(귀때기청봉 2.8km 지점) 07:52–귀때기청봉 3.6km 지점 08:19–귀때기청봉 4.2km 지점 08:40–대승령(1210m) 09:40 휴식–안산갈림길(대승령 1km 지점, 1353m) 10:17 휴식 11:08 출발–능선끝쉼터(대승령 1.3km 지점) 11:14–두문폭포 12:30–복숭아탕 12:46–간식(샌드위치)–남교리탐방지원센터 14:43

4 쉬운 듯 어려운 '장수대–남교리 길'

쉽게 보고 덤볐다가 고생을 꽤나 하는 코스이다. 그리 어렵지 않아 보이는데 곳곳에서 오르막이 다리를 잡아당기고, 등줄기에 땀을 주룩주룩 흘리게 한다. 장수대로 들어가든, 남교리로 들어가든 힘든 만큼 보상도 제대로 받는 등산로다.

"지상의 하늘을 만나다! 십이선녀탕과 함께하는 설악산 으뜸 경관 코스. 남교리–복숭아탕–대승령–장수대(편도 11.3km, 6시긴 30분 소요) 코스는 아름다운 자연 경관에 흠뻑 빠질 수 있는 설악산 으뜸 경관 코스 중 하나입니다. 선녀들이 목욕했다는 십이선녀탕과 서북주능과 장수대로 펼쳐지는 넓은 시야가 탐방

객의 마음을 사로잡아 해마다 발길이 끊이지 않는 곳입니다. 하지만 험한 코스이므로 안전사고에 철저히…"

설악산국립공원 웹사이트에서 남교리 코스를 대략적으로 소개하는 글이다. 서북능선은 서북주능선이라고도 혼용돼 불리고 있다. 설악산국립공원은 이 코스를 남교리에서 들어가 장수대로 나오는 산행 길로 소개하고 있다. 어느 곳에서 들어가도 무방하지만, 수도권에서 출발하는 산악회는 장수대에서 산행을 시작하는 코스로 안내를 한다.

"장수대는 6.25전쟁 때 전사 한 장병들의 명복을 빌고 넋을 달래기 위해 1959년에 지어진 산장의 이름이다." -설악산국립공원-

3대 폭포인 대승폭포를 즐기는 길

장수대에서 설악산 품에 안기는 이 등산로는 오색-대청봉 코스와 마찬가지로 설악 품에 안기어 맑은 공기를 마시며 심호흡을 몇 번 하다보면 곧바로 오르막길이 시작된다. 출발 0.9km 지점인 대승폭포까지 계속된다. 설악산 모든 등산로가 그렇듯이 중간에 계단길이 허벅지를 땅기게 만든다. 계단을 올라가다 뒤돌아보면 남쪽 건너편에 자리한 근육질 가리봉이 반겨주고 응원을 한다. 좀더 올라가면 동쪽으로 한계령도 정겹게 다가온다. 5월 중순 44번국도가 지나가는 계곡 좌우는 연두색 양탄자를 깔아놓은 모습과 같다. 그 속으로 뛰어내려도 푹신푹신하게 안아줄 것 같은 착각을 갖게 할 정도로 아름다운 풍경이다. 전후좌우에 펼쳐진 경관을 감상하고 즐기다보면 금강소나무가 반겨주고, 곧바로 대승폭포가 눈앞에 쏟아져 내린다. 높이 88m를 자랑하는 대승폭포는 개성 박연폭포, 금강산 구룡폭포와 함께 우리나라 3대 폭포라고 한다. 폭포 아래 부분에는 위에서 쏟아져 내리는 물이 바람에 날리면서 흩어져 무지개가 피어있다. 해발 780m 고지대에 위치해 있다 보니 수량이 부족한 게 옥의 티라면 티다.

대승령 방향으로 발길을 돌리면 하늘을 찌르는 금강소나무가 등산로 좌우에서 반겨준다. 이렇게 멋지고 멋진 금강소나무를 보기는 쉽지 않다. 조금 더 걷다보면 원시림지대가 나온다. 전나무, 사스래나무 등이 하늘 높이 치솟은 이 지역은 한낮에도 어둠침침할 정도로 숲이 우거졌다.

원시림 구간은 보너스

원시림 지대를 지나면 가장 힘든 코스가 앞을 가로 막는다. 400m에 가까이 고도를 높이는 길이다. 등산 거리는 0.7km다. 조망도 없다. 전후좌우를 둘러봐도 나무만 보이는 숲길이다. 발걸음을 내딛고 내딛어도 오르막길이 계속된다. 다리는 천근만근이나 되는 힘든 구간이다. 아무리 힘들어도 쉬엄쉬엄 쉬기노 하면서 걷고 또 걷다 보면 해발 고도 1210m 대승령에 도달하게 된다. 대승폭포에서 대승령까지는 1.8km로 설악산국립공원은 1시간 20분이 소요된다고 안내하고 있다. 보통 산길은 한 시간에 2km를 걷는데, 1.8km를 가는데 1시간 20분이나 걸리니 난이도가 최상이라는 걸 실감케 한다. 대승령 정상에서는 하늘 이외에는 다른 경관을 볼 수 없다. 쉬면서 땀을 식히고, 기력을 보충하는 것으로 만족을 해야 한다.

이곳에서 남교리까지 남은 거리는 8.7km다. 대승령에서 오른쪽으로 가면 귀때기청봉이고, 남교리로 가려면 왼쪽으로 발걸음을 옮겨야 한다. 잠시 내려가다가 다시 올라가게 된다. 오르막이 끝나는 안산갈림길까지는 고도만 150m 정도 높여야 하는데, 1km를 걸어야 한다. 30분 정도 소요된다. 오르막길에서 뒤를 돌아보면서 나뭇가지가 적은 곳으로 발품을 팔면 귀때기청봉이 보인다.

안산갈림길에 서면 내리막이 기다리고 있지만, 유혹의 지점이기도 하다. 통제 구간인 안산을 갈 수 있는 곳이기 때문이다. 안산은 대청봉에서 시작해 중청봉-끝청-한계령삼거리에서 백두대간과 작별을 하고 귀때기청봉-1408봉-대승령-대승봉-대한민국봉을 거쳐 서북능선의 대미를 장식하는 곳이다. 식물자원 보호를 위해 탐방이 금지되어 있다. 유혹을 떨쳐버리고 발걸음을 내딛으면 능선끝쉼터까지 0.3km의 평탄한 길이 펼쳐진다. 걷는 재미가 나는 구간이다. 쉼터부터는 내리막길이 시작된다. 조금 내려가다가 진행 방향으로 고개를 들면 웅장한 암봉이 반겨준다. 안산갈림길에서 유혹을 한 안산이다.

능선끝쉼터에서 복숭아탕까지는 내리막길이고, 그 이후는 쉬운 길이다. 십이선녀탕 가운데 백미로 꼽히는 복숭아탕은 해발 740m 정도 높이에 자리하고 있다. 복숭아탕 옆 등산로는 '장수대-남교리 길' 가운데 가장 위험한 구간으로 주의를 해야 한다.

예술성이 뛰어난 십이선녀탕계곡

"밤이면 선녀들이 하늘에서 내려와 목욕을 하고 갔다는 십이선녀탕은 설악의 계곡 중 가장 예술성이 뛰어난 곳으로 꼽힌다. 12개의 탕을 이루고 있다 하여 십이선녀탕으로 불리지만 8개의 폭포만이 뚜렷하고 나머지는 모습을 찾기 어렵다. 폭포와 탕이 연속으로 이어진 이 십이선녀탕 중 백미는 단연코 복숭아탕이다."

설악산국립공원은 이 코스의 백미로 꼽히는 십이선녀탕을 이렇게 설명하고 있다. 특히 복숭아탕에 대해서는 "자연의 힘으로 조각된 신비의 탕"이라고 극찬을 한다. 복숭아탕은 폭포수 뒤로 자리한 바위가 복숭아 모양을 하고 있다.

십이선녀탕으로 하산하면서 가장 먼저 만나는 폭포는 아쉽게도 이름이 없고, 나뭇가지에 가려 잘 보이지도 않는데, 탕(湯)은 2006년 7월에 발생한 수해 상흔인 돌로 채워져 있다. 바로 아래 자리한 두문폭포는 빼어나기가 이를 데 없다. 간결하면서도 웅장미를 자랑하는데, 아쉽게도 탕에 돌이 많이 채워져 있다. 복숭아탕도 2006년 수해 흔적을 그대로 안고 있다. 국립공원은 십이선녀탕에 있는 돌을 인력으로 걷어낼 수도 있지만 자연 치유에 맡기기로 했다고 한다.

가을엔 최고의 단풍

복숭아탕에서 남교리 공원 입구까지는 4.2km로, 1시간 30분이 더 걸린다. 복숭아탕을 지나면 등산로는 평탄해진다. 관광객도 복숭아탕까지 평상복 차림으로 많이 찾을 정도다. 계곡 곳곳에는 하얀 암반 위에 물보라까지 일으키는 아름다운 모습이 이어지고, 응봉폭포도 배웅을 해준다.

십이선녀탕-남교리 구간은 단풍으로도 유명하다. 큰 힘을 들이지 않고도 설악산 단풍의 백미를 즐길 수 있는 코스이다. 다만, 단풍은 역광으로 즐겨야 더 멋지기 때문에 남교리에서 해를 안고 들어가는 10월 중순 오전 시간이 안성맞춤이다. 2016년 10월 14일 오전 남교리에서 복숭아탕까지 가면서 햇살을 받은 단풍을 즐긴 적이 있다. 단풍이 빼어난 곳은 봄철 연둣빛 향연도 더없이 아름답게 펼쳐진다.

지점별 통과 시간

2010년 5월 15일

장수대 10:24–대승폭포 10:53–대승령 11:55–안산갈림길 12:26 점심–두문폭포 14:06–복숭아탕 14:20–남교리 15:43

2011년 9월 25일

장수대 10:10–대승폭포 10:40–대승령 11:55–안산갈림길 12:30 점심–복숭아탕 15:22–남교리 16:55

2018년 10월 20일

장수대 10:46–대승폭포 11:21–대승령 12:18–안산갈림길 12:55 점심–복숭아탕 15:05–남교리 16:45

5 계곡과 능선길이 아름다운 '백담사–대청봉 길'

계곡과 하얗게 펼쳐진 암반 위를 흐르는 물이 환상적인 풍경을 보여준다. 아름답기 그지없지만, 산행 거리가 길어서 대피소 예약이 필수인 코스이다. 백담사를 출발해 10.1km 지점인 봉정골까지는 수렴동계곡, 구곡담계곡, 용아장성 암봉을 즐기며 유유자적하는 즐거움을 누린다.

수렴동대피소에서 시작되는 구곡담계곡! 아홉 개의 담(潭)을 채우고 있는 짙은 옥색 물은 금방이라도 뛰어들고 싶도록 유혹을 한다. 계곡을 즐기다가 봉정골 입구에 도착하면 최상의 난이도를 자랑(?)하는 된비알이 맞아준다. 백담사-대청봉 길은 12.9km로, 설악동 소공원-대청봉 코스보다 1.9km가 더 길다.

"대청봉(백담)코스는 경사가 완만하고 맑은 계곡물과 좌우 산세가 아름답게 어울려진 매력적인 코스입니다. 단, 대청봉(백담) 코스는 장시간 걸리기 때문에 산행 준비를 철저히 하셔야 합니

다." 설악산국립공원은 이 코스를 이렇게 설명하고 있다.

설악산 문화자원인 영시암(永矢菴)과 봉정암(鳳頂庵)도 만난다. 봉정암(鳳頂庵)은 소청봉 아래 해발 1244m에 자리해, 설악산에서 가장 높은 곳에 있는 암자이다. 국내에서 가장 높은 곳에 있는 절은 지리산 천왕봉 아래 해발 고도 1450m 지점에 자리한 법계사이다.

설악산국립공원은 이 코스를 산행하는데 6시간 10분 가량 소요된다고 밝히고 있다. 2013년 2월 23일 용대리 백담입구시외버스터미널에서부터 걷기 시작해 봉정암 사리탑을 거쳐 중청대피소까지 9시간 10분 정도나 걸렸다. 그때 수렴동대피소에서 점심을 먹기는 했지만 백담사에서 중청대피소까지도 7시간 20분이 소요됐다.

이 코스로 등산을 하려면 승용차나 대중교통을 이용해야 한다. 대중교통을 이용할 경우 인제군 북면 용대2리 백담입구시외버스터미널에서 하차하면 된다. 용대2리에서 백담사까지는 용대리 주민들이 운영하는 백담사행 마을버스를 이용하면 되는데, 백담입구시외버스터미널에서 마을버스 주차장까지는 1km를 걸어야 한다. 용대리에서 백담사까지는 7km이다.

겨울에는 백담사까지 7km를 걸어가야

겨울철에는 마을버스가 운행을 하지 않기 때문에 백담사까지 7km를 걸어가야 한다. 2013년 2월 23일 용대2리에서 중청대피소까지 산행을 한 적이 있다. 2016년 1월 1일에는 남설악탐방지원센터를

03:05 출발해 대청봉 일출을 보고, 봉정암 사리탑을 거쳐 용대2리 마을버스 주차장까지 11시간 12분간 산행을 했다.

이 코스는 시간적으로 여유가 있을 경우 백담사를 둘러보고 시작하게 된다. 백담사는 만해 한용운이 머문 곳으로 유명하다. 일반인에게는 전두환 전 대통령이 1988년 이곳에서 유배(?) 생활을 하면서 많이 알려졌다. 백담사 앞 계곡에 세워진 수많은 돌탑도 명물이다.

설악 품에 안기면 아름드리 나무가 들어선 원시림 같은 숲이 반겨 준다. 평탄한 숲길 등산로는 촉촉함이 느껴진다. 도시에서 지친 몸과 마음이 저절로 힐링되는 길이다. 영시암까지는 일반 관광객들도 많이 걷는다. 그만큼 평탄한 길이 펼쳐진다. 오세암과 봉정암 순례에 나서는 불자들 모습이 등산객보다 더 많은 길이기도 하다. 그 숲길을 벗어나면 폭포 같지 않은 폭포인 황장폭포가 맞아준다. 그곳부터 영시암까지는 수렴동계곡을 오른쪽에 끼고 눈으로 즐기면서 걷는 평탄한 길이다. 백담사에서 영시암까지 서둘러 가도 한 시간 정도 걸린다.

계곡이 너무나도 아름다운 길

이 구간은 가을철 단풍이 아름답기 그지없다. 영시암은 3~4년 전까지만 해도 주변에 채마밭이 펼쳐져 있어서 정감이 넘쳤는데, 중창공사가 시작되면서 채마밭은 많이 사라졌다. 영시암에서 목을 축이고, 길을 이어가면 목제 계단을 거쳐 대청봉과 오세암 갈림길인 삼거리에 도착한다. 직진하면 대청봉 방향이고 왼쪽으로 접어들면 오세암이다. 오세암에서는 마등령으로 올라갈 수도 있고, 봉정암으로 갈 수도 있다. 이 삼거리에서 백담사까지 3.5km, 대청봉까지 9.4km, 오세암까지는 2.5km이다.

수렴동계곡을 오른쪽에 끼고 20분 정도 걸으면 수렴동대피소가 나온다. 수렴동대피소 직전에 다리를 건너는데, 가야동계곡에서 내려오는 물이다. 가야동계곡은 대청봉 바로 아래서 시작된다. 수렴동대피소에는 취사장이 있다.

수렴동대피소에서 대청봉으로 가는 길도 오른쪽에 계곡을 끼고 간다. 동행하는 계곡은 바로 9개의 담(潭)이 있다는 구곡담계곡이다. 구곡담계곡 길은 백담사에서 수렴동대피소 구간처럼 평탄한 길은 아니지만 어렵지 않다. 서서히 고도를 높여갈 뿐이다. 그 길을 가면서 만수폭포, 용소폭포, 관음폭포를 즐길 수 있다. 폭포도 폭포지만 짙은 청록색을 띤 구곡담계곡의 담은 너무나도 아름답다. 그 속으로 풍덩 몸을 던지고 싶은 충동이 일어나곤 한다. 하얀 암반과 물보라를 일으키며 흐르는 맑은 물이 연출하는 광경은 절로 감탄사를 토해내게 하는 절경 중 절경이다. 설악산 계곡 중 가장 아름답다고 해도 과언이 아니다. 왼쪽으로는 용아장성 암봉들이 하늘을 찌를 듯 솟아오른 모습을 즐기는 행복도 누릴 수 있다. 구곡담계곡에서 올려다 보는 용아장성은 철옹성 같다. 한때 용아장성을 넘고 싶었지만 위험 구간 때문에 포기를 했다. 용아장성을 다녀온 사람들의 산행기를 보면 뜀바위, 개구멍, 직벽이 위험 구간으로 소개 되어 있다. 위험 구간을 지나지 않고 용아장성에 올라가 절경을 즐기고 싶은 충동도 일었었지만, 중간에 들어갈 수 있는 방법은 없는 것 같았다.

계곡과 암봉을 즐기면서 가다보면 오른쪽에 전망대가 나오고, 그곳에서 쌍룡폭포와 마주하게 된다. 쌍룡폭포는 두 개의 웅장한 폭포가 한 곳으로 내려와 Y자 형태로 만나는 신비한 모습을 보여준다. 이쯤 되면 오르막길이 맛보기로 시작되지만 그래도 평범한 길이다.

해탈로 시작하는 오르막길

쌍용폭포를 즐기고 진행을 하면 계곡에 물이 줄어들기 시작하고, 마침내 10.1km를 같이한 계곡물과 안녕을 하는 봉정골 입구와 마주한다. 봉정골 입구는 해발 고도 1050m이다. 이곳부터 소청봉까지 경사도 35.9%의 가파른 오르막길이다.

먼저 깔딱고개가 맞아준다. 이 깔딱고개에 해탈고개라는 이름이 붙여졌다. 대청봉까지는 2.8km 남았다. 남은 해발 고도는 삼각산(북한산)을 오르는 높이보다 조금 낮은 정도다. 문제는 경사도다. 해발 고도 1180m인 사자바위 입구까지 이어지는 봉정골 오르막길은 경사도가 엄청나다. 20분 정도 상념을 잊고 올라야 한다.

봉정골을 올라서면 사자바위 표지판이 오른쪽에 자리하고 있다.

땀도 식힐 겸 오른쪽으로 발걸음을 옮기면 사자 모양을 한 바위를 만날 수 있다. 사자바위에서는 하늘을 찌를 듯한 용아장성의 침봉과 구곡담계곡 뒤로 펼쳐지는 모습이 장관이다.

사자바위에서 오르막길을 0.2km 올라가면 암봉으로 둘러싸인 봉정암을 만나게 된다. 봉정암을 둘러싼 7개 암봉을 주의 깊게 관찰해 보면 법당 뒤로 부처님을 닮은 부처바위가 자리하고 있다. 봉정암 요사채는 성지 순례를 온 불자들로 늘 붐빈다.

봉정암 사리탑에 가려면 암자 입구에서 오세암으로 가는 길로 접어들어 5분 정도 올라가야 한다. 사리탑은 참으로 단아하다. 자연 암반을 기단으로 한 5층 석탑이다. 멋을 낸 흔적을 찾아보기 어렵다. 사리탑 앞에 서면 소청봉과 끝청이 눈앞에 다가온다. 오른쪽에 보이는 전망대에 오르면 용아장성이 웅장하게, 오른쪽으로 공룡능선이 장엄한 모습으로 다가온다.

봉정암 사리탑은 꼭 들러봐야

봉정암에서 소청봉까지는 고행의 길이 다시 시작된다. 다행스럽게도 0.7km를 올라가면 소청대피소가 중간에 자리해 피로를 덜어준다. 그곳에서 보는 경관은 장관 중 장관이다. 봉정암을 병풍처럼 둘러싸고 있는 암봉은 비경으로 다가오고, 봉정암 사리탑도 보인다. 그 뒤로 보이는 용아장성은 장엄함을 더해 준다. 공룡능선도 웅장하고 웅장한 모습으로 다가오고, 공룡능선은 황철봉으로 달린다.

여기에 더해 환상적인 소청대피소 일몰까지 같이한다면 지상 최고의 쇼가 펼쳐지지만, 해넘이까지 보고 대청봉으로 가는 건 무리다. 소청대피소 일몰은 소청대피소를 예약한 후 즐기는 게 좋다.

소청대피소에서 소청봉까지는 0.4km에 불과하지만 경사도가 심한 오르막길로 20분 정도는 땀을 뻘뻘 흘려야 한다. 지대가 높아지면서 동쪽으로만 가지를 키운 구상나무가 곳곳에서 색다른 모습으로 다가온다. 북서쪽에서 불어오는 강한 바람을 이겨내며 살다보니 나뭇가지가 바람 반대편으로만 자라고 있다. 이 같은 모습은 대청봉까지 이어진다. 소청봉에서 왼쪽 길로 접어들면 희운각대피소를 거쳐 천불동계곡이나 공룡능선으로 가게 된다.

설악 진수를 즐기는 소청-중청 길

소청봉에서 조금 직진을 하면 철제 계단이 나온다. 이곳부터 중청봉까지는 내설악과 외설악을 한눈에 즐길 수 있는 명소 가운데 명소이다. 봉정암 사리탑이나 소청대피소에서 보는 풍경이 내설악과 공룡능선이었다면, 이곳에서는 대청봉에서 시작해 중청봉을 거쳐 끝청-귀때기청봉-안산으로 이어지는 서북능선과 공룡능선에서 저항령-황철봉-진부령-향로봉을 거쳐 금강산으로 이어지는 백두대간의 장엄한 모습을 즐길 수 있다. 맑은 날이면 금강산도 믿기지 않을 만큼 가까이 보인다. 대청봉에서 동해로 뻗어 내린 화채능선도 다가온다. 친구 L은 "아침 햇살이 비칠 때 이 구간에서 보는 설악산이 가장 아름답다."고 말했다.

소청봉-중청봉 구간은 바람도 무시무시하다. 구상나무 가지가 한쪽으로만 자라는 이유를 실감하게 된다. 2013년 2월 23일. 용대리에서 출발해 이 길을 오를 때 바람이 얼마나 세찼는지 몸을 가누기 어려웠다. 능선 길 끝 중청봉을 감아 돌아가는 지점에 도착했을 때 귀때기청봉 위로 석양 노을이 환상적으로 물들고 있었다. 사진을 담기는 담아야겠는데, 강한 바람이 몸을 가누지 못하게 하고, 바람과 같이 날아오는 얼음알갱이는 볼을 후벼 파기라도 할 듯 얼굴을 때렸다.

중청봉을 감아 돌아가는 길은 대청봉과 천불동계곡, 화채능선, 동해를 즐기는 구간이다. 중청대피소도 눈앞에 들어온다. 중청봉을 돌아가면 한계령에서 오는 길과 만나는 끝청갈림길이고, 중청대피소가 코앞이다.

백담사-대청봉 코스 산행은 산행거리가 멀어 대부분 대피소에서 1박을 하게 된다. 중청대피소에 예약을 했다면 체크인을 한 후 배낭을 내려놓고 대청봉에 가면 된다. 중청대피소에서 대청봉은 0.6km 거리로 20분 정도면 올라갈 수도 있다. 고도 100m 정도를 오르는 길이다.

지점별 통과 시간

2010년 6월 7일

대청봉 05:35–소청대피소 6:20 아침 7:05–봉정암 7:38–봉정암 사리탑 8:00–쌍룡폭포 9:16–수렴동대피소 11:03–백담사 입구 12:23

2013년 2월 23일

용대리 09:10–백담사 11:00–오세암 갈림길 12:26–수렴동대피소 12: 50(추정)–수렴동대피소 점심 후 출발 14:00–쌍룡폭포 15:05–봉정골 입구 15:45–사자바위 16:04–봉정암 사리탑 16:24–봉정암 16:34–봉정암 휴식–소청대피소 17:24–소청 17:48–중청 18:01–중청대피소 18:13

2016년 1월 1일

남설악탐방지원센터 03:05–1113고지 05:00–대청봉 07:00–일출–중청대피소 08:05–소청대피소 아침 출발 08:40–봉정암 사리탑 09:01–봉정골 입구 09:23–수렴동대피소 10:47–간식–백담사 12:49–용대리 마을버스 주차장 14:17

2016년 12월 31일

남설악탐방지원센터 04:05–1113m고지 05:41–대청봉 07:30 하산 07:50–중청대피소 아침 08:52 출발–봉정암 09:40–봉정암 사리탑 09:48–수렴동대피소 11:42–백담사 13:34–백담입구시외버스터미널 15:25

6 천불동 속살을 즐기고, 공룡능선과 눈맞춤! '소공원–대청봉 길'

천불동계곡 속살을 들여다보고, 설악의 장쾌한 경관과 같이하는 코스이다. 11km의 거리가 만만치 않다. 희운각대피소에서 소청봉 오르는 길은 헉헉 소리가 절로 나는 힘든 구간이지만, 등 뒤로 펼쳐지는 경관은 최고이다. 설악산은 언제 어디서나 땀을 흘린 만큼 보상을 해준다.

"소공원에서 대청까지, 또 오색까지 이어지는 대표 코스 중 하나. 설악산 대청봉(소공원) 코스는 연중 인기가 많으며 특히 1박 2일의 산행을 계획한 탐방객들에게 만족도가 높은 대표 코스 중 하나입니다. 한겨울 눈꽃 가득한 설악산, 봄여름 초록빛의 생명이 움트는 설악산, 가을 단풍으로 붉게 물든 설악산의 모습에 풍덩 빠져볼 수 있는 코스입니다. 단, 희운각-중청-오색의 급경사지와 중청에서 대청까지 가는 길에 부는 바람이 센 점을 감안하시고 탐방해 주시기 바랍니다." -설악산국립공원

설악산국립공원은 설악산 절경을 1박 2일 동안 즐길 수 있는 코스로 소개한다. 6시간 40분이 소요된다고 하는데, 부지런히 걸어야만 이 시간에 갈 수 있다.

소공원에서 시작해 대청봉까지는 올라가보지 못했다. 반대로 내려오기는 수없이 했다. 2019년 6월 14일 무박 산행으로 소공원을 출발해 소청봉을 올랐다가 백담사로 하산한 적이 있다. 공룡능선 산행을 하느라고, 신선대에서 공룡능선을 즐기느라고 소공원에서 무너미고개까지는 많이 가봤다. 무너미고개는 대청봉에서 북으로 뻗어 내린 백두대간에 위치하고 있으며, 공룡능선 산행 시작점이기도 하다.

소공원에서 비선대까지 3km는 그야말로 관광객들이 산책하는 길이다. 비선대 직전에 다리가 있는데, 그곳에서 계곡 쪽을 올려다보면 둥그렇게 보이는 큰 봉우리가 바로 공룡능선의 중심인 1275봉이다. 그 다리에서 오른쪽 하늘을 올려다보면 붉은 색을 띤 암봉인 적벽(赤壁)도 보인다. 적벽에는 암벽을 타는 클라이머들이 매달려 있을 때도 있다. 비선대에서 하얀 바위 위를 흐르는 섬섬옥수와 하늘 높이 우뚝 솟은 장군봉을 즐기고, 철제 다리를 건너면 다리 끝에 탐방지원센터가 자리하고, 왼쪽으로 철망 쪽문이 보인다. 철제 다리에서 장군봉을 올려다보면 중간에 위치한 금강굴 모습도 육안으로 식별할 수 있다. 철망 쪽문으로 진입을 하면 천불동계곡을 거쳐 대청봉으로 가는 길이다. 오른쪽 길은 금강굴과 마등령으로 올라간다.

비선대 출발 0.5km 지점에서 뒤돌아보면 장군봉과 함께 그 중간에 자리한 금강굴이 반겨준다. 0.5km를 더 가면 잦은바위골 입구가 오른쪽에 자리하며, 오르막길을 조금만 걸으면 귀면암이 나온다. 귀면암은 바위라기보다는 암봉으로, 귀신의 얼굴 모양새를 하고 있어서 붙여진 이름이다. 그곳에서 배낭을 내려놓고 쉬다보면 다람쥐들이 먹이를 찾아 사람 주위로 몰려든다. 목을 축이고 발걸음을 내딛으면 곧바로 80여 계단을 내려가야 한다. 하산할 때 이 계단은 힘이 빠지게 한다.

비선대 기점 1.5km 지점을 지나면 병풍교가 나오는데, 2007년 2

월 대형 낙석 사고로 붕괴돼 새로 놓은 다리이다. 병풍교를 올라가면 이 같은 사실을 알리는 사진 안내판이 있다. 천불동계곡은 화려함 뒤에 낙석 위험이 곳곳에 도사리고 있다.

병풍교를 지나면 왼쪽으로 칠선골 입구가 나온다. 전에는 '칠선골 입구'라는 표지판이 있었지만 없어졌다. 조금 더 가면 다섯 개 폭포가 줄을 잇는 오련폭포가 나오는데, 등산로에서는 폭포 전체가 보이지는 않는다. 사진 안내판을 통해 오련폭포의 아름다운 절경을 즐길 수 있다. 오련폭포를 왼쪽에 두고 올라가는 계단은 겨울철에 눈이 많이 내리면 눈 속에 묻혀 위험하기 짝이 없다.

천불동 등산로는 계곡을 수없이 건너고 건넌다. 그러면서 고도를 조금씩 높여간다. 오련폭포에서 조금 더 가면 양폭대피소가 나온다. 소공원에서 양폭대피소까지는 6.5km인데, 등산로도 평이해 2시간 반 정도면 갈 수 있다.

천당폭포 주변은 천불동 최고 절경

양폭대피소 위치는 절묘하다. 앞으로는 천불동계곡이, 옆으로는 조그만 골짜기가 자리하고 있다. 비가 많이 오면 위험천만할 것 같은데, 2006년 폭우 때도 무탈했다. 대피소 입구에는 잎이 엄청나게 큰 풀이 군락을 지어 있는데, 도깨비부채이다.

양폭대피소에서 무너미고개 직전 숲길까지는 하늘을 찌를 듯한 암봉군이 천불동계곡 최고의 절경을 선사한다. 계곡에는 양폭포(陽

瀑布), 천당폭포가 뽐을 낸다. 고개를 들면 웅장한 암봉이 병풍처럼 줄지어 있다. 양폭대피소에서 몇 걸음을 가면 나오는 양폭포는 말 그대로 양지에, 보이는 곳에 있는 폭포이다. 옆으로 설치된 철제 계단을 오르면서 볼 수 있다. 전에는 계곡에 들어가 양폭포를 감상할 수 있었는데, 출입이 금지됐다. 양폭포와 반대되는 음폭포(陰瀑布)도 있다. 음폭포는 인근 음폭골에 자리해 있어서 볼 수 없다.

양폭포에서 조금만 가면 깊은 협곡이 반겨준다. 그 협곡 절벽에 철제 다리가 놓여있다. 다리 끝에 천당폭포가 자리하고 있다. 다리가 없었을 때는 도저히 접근이 불가능했던 곳이 바로 천당폭포이다.

"천불동계곡의 마지막 폭포인 천당폭포는 속세에서 온갖 고난을 겪다가 이곳에 이르면 천당에 온 것 같다고 하여 붙여진 이름이다." 설악산국립공원이 설명하는 천당폭포이다.

천당폭포는 TV 예능프로그램에 소개되면서 일반인에게도 많이 알려졌다. 그 이후 천당폭포를 보겠다고 운동화 차림, 심지어는 구두를 신고, 여성 가운데는 치마 차림으로 이곳을 찾는 경우도 몇 번 목격을 했다. 위험천만한 일이 아닐 수 없다. 이들은 산에 대한 아무런 정보도 없이, 하산 시간도 생각하지 않고 오후 늦은 시간에도 찾아오는 위험한 행동을 했다. 다행스럽게 설악산국립공원도 지리산에서 처음 도입한 입산시간지정제를 시행하면서 오후 늦게 천당폭포를 찾는 일은 사라졌다.

천당폭포 주변은 희귀 식물의 보고이기도 하다. 5월 중하순에 가면 금강산과 설악산에만 자생하는 금강봄맞이를 만나는 행운을 누릴 수 있다. 8월이면 금강초롱도 보라색 꽃을 피우며 우아한 자태를 뽐낸다.

천당폭포에서 대청봉 방향으로 가려면 철제 계단을 올라야 한다. 전에는 이 철제 계단을 올라가면서 풍광을 즐길 수 있었는데, 낙석 사고 위험을 방지하기 위해 아치 모양의 보호 철망이 씌워져서 예전과 같은 눈호강은 할 수 없다. 철제 계단을 올라가면 이름 없는 2단 폭포가 나온다. 설악산국립공원은 천당폭포가 천불동계곡의 마지막 폭포라고 했는데, 이름 없는 이 폭포도 빼어나다. 이곳에서도 병풍처럼 둘러선 암봉을 마음껏 즐겨야 한다. 이곳을 벗어나면 숲길로 접어들고, 조금 더 가면 깔딱깔딱 숨을 쉬어야만 올라갈 수 있는 무너미고개가 버티고 있으니 말이다.

천불동계곡은 단풍이 참 좋다. 암봉 중간중간을 울긋불긋 물들이는 단풍은 한 폭의 그림처럼 아름답다. 특히 천불동계곡은 비선대에서 천당폭포까지 고도 차이가 크지 않기 때문에 계곡 전체에서 단풍을 즐기는 행운을 누릴 수도 있다.

겨울 천불동계곡은 봄, 여름, 가을과는 사뭇 다른 모습으로 다가온다. 잎을 떨군 앙상한 나뭇가지 사이로 나뭇잎이 무성할 때는 보이지 않던 암봉들이 얼굴을 드러내기 때문이다. 겨울 산행은 기온 변화가 심하고, 낮 길이도 짧아 위험성이 높지만 그에 따른 보답도 받는다.

이름 없는 2단 폭포에서 대청봉 방향으로 가다보면 다리를 2개 건넌다. 첫 번째 만나는 다리에서 오른쪽으로 고개를 들어 하늘을 보면 공룡능선 신선봉에서 뻗어 내린 암봉을 나뭇가지 사이로 즐길 수 있다. 두 번째 다리를 건너서 숲속을 걷다가 희운각대피소가 1.1km 남았다는 이정표가 보이면 쉬면서 체력을 충전하는 게 좋다. 앞에 놓인 0.6km의 가파른 길을 올라가야 하는 무너미고개는 참으로 된 고개이다. 등줄기에 땀이 흐르고, 헉헉거리며 거친 숨을 내쉬어야만 오를 수 있다.

눈높이의 중요성을 깨우치는 길

해발 고도 1120m인 무너미고개는 공룡능선 산행 시작점이다. 희운각대피소 방향으로 몇 걸음 옮기면 전망대처럼 보이는 헬기장이 나온다. 올라가지 말라고 줄이 쳐져 있지만 그곳이 전망대라며 올라가는 등산객들이 많다. 전망대에 올라가지 않더라도 탄성을 자아내는 공룡능선 첫 번째 봉우리인 신선봉과 암벽,그리고 발 아래 펼쳐진 천불동 암봉군을 감상할 수 있다.

0.2km를 가면 희운각대피소이다. 희운각대피소는 개인이 운영을 해오다가 몇 년 전 국립공원에서 인수했다. 이곳에서는 취사도 가능하고, 식수나 간단한 간식도 구입할 수 있다. 희운각대피소에서 밥상을 차리고 있으면 다람쥐들이 식탁 위에까지 올라와 초콜릿 등 간식을 물고 가기도 한다.

다람쥐와 같이 충분한 휴식을 취했으면 이제는 고행의 산행을 해야 할 시간이다. 소청봉은 해발 1581m. 희운각대피소는 해발 1195m이다. 희운각대피소에서 소청봉까지는 1.3km이다. 1.3km를 걸어가 고도를 580m 높여야 하는 구간이다. 희운각대피소와 소청봉 간 해발 고도 차이는 관악산 정상인 연주대와 과천향교 구간과 비슷하다. 과천향교에서 연주대까지 등산로는 3km인 반면 이곳은 1.3km에 불과하다. 그만큼 경사도가 엄청나다는 설명이다. 2019년 6월 15일 나 홀로 무리하지 않고 사진도 담으면서 천천히 올라갔더니 소청봉까지 1시간 30분이나 걸렸다.

소청봉에서 희운각대피소로 하산을 하면서, 반대로 올라가는 사람들 표정을 보면 힘들고 힘든 모습이 역력하다. 희운각대피소에서 철제 다리를 건너자마자 시작되는 철제 계단은 끝이 없는 것 같이 계속된다. 계단 숫자가 300개를 넘는다. 힘든 만큼 보상은 따른다. 산행이 그렇고, 설악산은 반드시 보상을 한다는 사실을 갈 때마다 느꼈다.

철제 계단을 오르면 공룡능선 신선봉이 눈앞에 다가온다. 무너미고개 헬기장 아래서 보던 모습과는 색다르다. 공룡능선을 제대로 감상하려면 조금 더 올라가야 한다. 또 다시 앞을 막는 철제 계단을 오르면 최고의 절경이 뒤로 자리한다. 이곳에서 보면 신선봉 왼쪽 두 번째 봉우리 바로 아래가 공룡능선 최고의 절경, 아니 국립공원 최고의 절경을 감상하는 신선대이다. 2017년 8월 2일 18:00 쯤 중청봉에서 희운각대피소로 하산을 하다가 공룡능선을 놓고 벌이는 환상적인 운해쇼를 즐긴 기억이 생생하다.

이곳부터는 올라가다가 시야가 트이면 뒤를 돌아보는 여유를 가져야 한다. 등 뒤로 공룡능선이 펼쳐지면서 지친 심신을 달래주기 때문이다. 조망이 아니더라도 등산로 좌우로 하얀색으로 치장을 한 사스래나무도 군락을 이루고 신비한 모습을 보여준다. 그리고 올라가다가 왼편으로 공간이 있으면 무조건 그곳으로 옮겨가야 한다. 그곳은 최고의 조망 포인트로, 탄성을 자아내는 풍경이 펼쳐진다.

희운각대피소-소청봉 구간은 눈높이의 중요성을 깨우치는 길이기도 하다. 고도 변화에 따라 공룡능선도 다른 모습으로 다가오기 때문이다. 공룡능선이 가장 아름답게 보일 때는 바로 눈높이가 같을 때이다. 소통도 마찬가지이다. 소통을 잘 하려면 상대방 눈높이에 맞추라고 한다. 단순히 눈높이만 맞추는 게 아니라, 대화도 상대방이 이해할 수 있는 눈높이에 맞춰야 한다.

눈이 많이 내린 겨울철에 희운각대피소에서 소청봉을 오르는 길은 봄, 여름, 가을보다 몇 배는 힘들다. 눈이 많이 쌓이면, 하산하는 등산객들이 등산로 상에서 눈썰매를 타기도 하기 때문에 등산로가 봅슬레이 코스(?)으로 변하는 게 일쑤이다. 하산하는 등산객들은 쉽고 재미있을지 모르지만, 올라가는 등산객들은 발을 딛을 곳마저 찾기 힘든 상황이 되곤 한다.

소청봉에 서게 되면 우뚝 솟은 장엄하고 웅장한 귀때기청봉이 맞아주고, 오른쪽 아래로는 용아장성이 반겨준다. 소청봉 정상엔 세 갈래 길이 있는데, 오른쪽으로 내려가면 봉정암을 거쳐 백담사로 하산을 하게 된다. 대청봉은 왼쪽으로 능선을 따라 올라가면 된다(소청봉-대청봉 구간은 2부 5 계곡과 능선길이 아름다운 '백담사 -대청봉 길'을 참고하면 된다).

지점별 통과 시간

2016년 5월 21일

소공원 03:38 –비선대 04:21–귀면암 휴식–오련폭포 05:37–양폭대피소 05:56 –천당폭포 06:15 휴식– 무너미고개 07:31

2017년 5월 20일

소공원 03:50–비선대 04:30–귀면암 05:03 휴식–오련폭포 05:34–양폭대피소 05:48 휴식–무너미고개 07:00

2019년 6월 15일

소공원 03:40–비선대 04:32–귀면암 05:07–오련폭포 05:43–양폭대피소 05:59 휴식 06:03–천당폭포 06:11–무너미고개 07:13–희운각대피소 07:24 간식 07:34–소청봉 09:00

7 더없이 아름답고 더없이 힘든 '공룡능선 길'

공룡능선! 경관이면 경관, 난이도면 난이도, 모든 면에서 설악산 최고의 능선이다. 설악산에만 자생하는 산솜다리, 바람꽃, 금강봄맞이, 난장이붓꽃까지 즐길 수 있다. 국립공원이 선정한 국립공원 100경(景) 중 제1경이다.

국립공원은 2011년 '시각적, 심미적으로 아름답거나 정감적으로 느껴져 보전가치가 있는 큰 지형, 식생, 동·식물, 자연 현상 등 자연 요소 또는 문화유산, 촌락, 생활상 등 역사·문화 요소'를 국립공원 경관으로 정의하고 전문가 그룹과 함께 국립공원 대표경관 100경을 선정했다.

공룡능선을 타는 코스는 3개로 나누어진다. 하나는 설악산국립공원이 소개하는 코스로 소공원-비선대-마등령삼거리-공룡능선-무너미고개-대청봉-오색이다. 초반에 3.5km를 치고 올라가기 때문에 체력적으로 부담이 큰 코스이다. 19.1km 거리에 14시간 40분이 소요된다. 수도권 등산객들은 거꾸로 남설악탐방지원센터에서 출발해 비선대로 하산하는 무박 산행을 많이 한다. 2006년 9월 10일 무박 일정으로 오색에서 시작해 이 코스를 처음 타봤다.

다른 코스는 한계령휴게소-한계령삼거리-끝청갈림길-소청봉-무너미고개-공룡능선-마등령삼거리-비선대-소공원 코스이다.

22.2km로 가장 긴 코스이다. 2007년 6월 9일 무박으로 공룡능선을 두 번째 갈 때 이 코스를 처음 걸었다. 공룡능선을 넘은 후 마등령삼거리에서 오세암을 거쳐 백담사로 하산하기도 한다. 백담사로 하산하면 마등령삼거리에서 비선대로 하산하는 길보다 무릎에 부담이 덜하다.

또 다른 코스는 소공원-비선대-천불동계곡-무너미고개-공룡능선-마등령삼거리-비선대-소공원 길이다. 19.7km 거리이다. 이와 반대 코스로도 공룡능선 산행을 많이 한다. 천불동계곡을 거쳐 무너미고개에서 공룡능선으로 진입을 하는 코스는 3시간 이상 완만한 천불동계곡을 걷기 때문에 초반 부담이 적으며, 마등령삼거리에서 무릎 상황 등을 점검해 백담사 방향으로 내려갈 수도 있다.

어느 코스 하나 거리상으로나, 난이도 측면에서도 녹록치 않다. 출발점이 어디든 순수하게 고도 1000m 이상을 올라간 후에야 공룡능선에 진입이 가능하기 때문이다. 굳이 난이도를 따진다면 대청봉까지 순수 고도를 1250m까지 높였다가 희운각대피소까지 고도를 650m 정도 낮춘 후 공룡능선에 진입하는 오색-비선대 코스가 가장 힘들지 않을까. 무박 산행은 잠을 자지 못하기 때문에 더더욱 힘들다.

대피소를 이용하면 체력적 부담은 적다. 하지만, 중청대피소나 소청대피소를 이용할 경우에도 역시 꼭두새벽에 일어나 대청봉 일출로 산행을 시작하기 때문에 만만치 않다. 체력적 부담이 가장 적은 희운각대피소는 수용 능력이 적어 주말에 예약을 하는 게 하늘의 별 따기와 다를 바 없다.

세 코스를 모두 걸어봤다. 봄철 산불방지기간이 끝난 후 5월, 6월, 7월, 8월, 9월, 10월, 그리고 눈 쌓인 12월에 무박 산행으로, 대피소에서 1박을 하고도 공룡능선을 넘었다.

고되고 행복한 마등령 오름길

소공원에서 출발해 마등령으로 올라가는 공룡능선 코스는, 초반에 힘이 있을 때 마등령을 치고 올라가는 게 낫다는 이유로 선택하는 등산객들이 많다. 마등령으로 올라가는 길에 일출과 아침 햇살을 즐기는 특권을 누릴 수 있다. 게다가 공룡능선 어깨쯤에 운해라도 걸리면 더할 수 없는 아름다움을 만끽할 수 있다. 금강문을 지나면서 왼쪽으로 펼쳐지는 깎아지른 공룡능선 등짝을 즐기는 멋이 최고이다.

2015년 5월 16일 친구와 둘이 무박으로 11시간 30분간, 같은 해 10월 8일에는 친구들 17명이 무박으로 14시간 50분간 산행을 했다. 천불동계곡으로 하산을 하니 무릎에 부담이 없어서 좋았다.

서울에서 출발하는 안내 산악회 버스는 한계령휴게소, 남설악탐방지원센터를 서쳐 03:30쯤 설악동 소공원에 도착한다. 서울에서 출발하는 속초행 심야버스를 이용하면 산악회 버스보다 먼저 입산할 수 있다. 여름철 비선대 입산 시작 시간은 03:00이다.

비선대까지 초반 3km는 완만한 길이 이어지만, 시간이 부족하기 때문에 초반 워밍업이 필요한 줄 알면서도 발걸음을 재촉할 수밖에 없다. 설악산국립공원은 비선대까지 1시간 20분 정도 소요된다고 하지만, 발걸음을 서두르면 45분 정도에 갈 수 있다. 하산 후 산악회 버스를 타고 귀가를 하려면 비선대까지 50분 이내에는 가야만 19.7km에 달하는 공룡능선 산행이 가능하다. 비선대에 도착해도 사방에 어둠이 깔려 있어서 비선대의 신선이 노닐 던 경치를 즐기기는 어렵고, 장군봉을 형상만 볼 수 있는 정도이다. 하늘이 맑은 날은 소공원에서 별을 보는 행복을 누릴 수 있다. 2018년 5월 19일 새벽에는 소공원에서 은하수를 보는 축복도 누렸다.

비선대에서 마등령까지는 3.5km이다. 비선대에서 곧바로 난이도 최고의 오르막길이 앞을 막는다. 비선대에서 1.5km지점까지 경사도가 48.5%나 된다. 참고로 희운각대피소-소청봉 구간 경사도는 32.5%이다. 금강굴 입구부터는 장군봉 암벽을 오른쪽에 끼고 올라간다. 비선대 기점 0.8km 지점에 도착하면 잠깐 길이 평평한 듯하지만 유선대 뒤까지는 계속해서 가파른 오르막이 이어진다.

철제 계단을 올라가면 왼쪽으로 암봉을 만나게 되는데, 그 암봉이 바로 유선대이다. 쉬지 않고 계속 오르면 유선대까지 한 시간이 조금 더 걸린 걸린다. 이 구간은 비선대에서 마등령으로 올라가는 길 가운데 가장 고되다. 공룡능선을 탄 후 하산할 때 무릎에 부담이 가장 많이 가고 무릎을 다치기도 하는 구간인데, 눈앞에 펼쳐진 천불동 절경을 즐기며 천천히 하산을 하면 무릎에 주는 부담을 줄일 수 있다. 참고로 2019년 6월 5일 나 홀로 유선대 뒤에서 비선대까지 내려올 때는 50분이나 소요됐다. 물론 중간에 과일을 먹기는 했지만, 급격한 경사도 때문에 하산을 하는 데도 50분이 걸리는 길이다.

유선대 뒤 오른쪽에 자리한 바위는 전망 포인트로 외설악 경관이 거의 다 들어온다. 대청봉에서부터 공룡능선, 화채능선, 울산바위가 펼쳐진다. 유선대 암봉이 바로 눈앞에 자리하고 있어 천불동계곡 일부는 보이지 않지만 화채능선 아래 자리한 안견의 몽유도원도 같은 암봉군도 제대로 즐길 수 있다. 그곳에서 달마봉 위로 떠오르는 일출을 즐기는 행운도 누렸다. 아침 햇살이 공룡능선을 붉게 물들이는 광경은 절경 중 절경이었다.

이곳부터 금강문까지는 그리 험한 등산로는 아니다. 물론 계속되는 오르막길은 마등령까지 이어진다. 능선 길을 지나서 걷다보면 왼쪽에 두 곳의 조망 포인트가 자리하고 있다. 눈썰미가 있다면 '아~ 저곳에 서면 조망이 좋겠다'는 느낌이 온다. 그곳으로 발길을 옮겨보면 공룡능선과 천불동계곡, 화채능선이 만들어낸 절경이 펼쳐진다. 비선대에서 마등봉으로 이어지는 능선에 자리한 세존봉(또는 진대봉)도 웅장한 모습으로 머리 위에 자리하고 있다. 세존봉은 설악동 소공원에서도 눈앞에 우뚝 솟은 모습으로 다가오는 웅장한 암봉이다. 2015년 5월 비선대에서 금강문까지 2시간 30분 정도 걸렸다. 금강문은 등산로 양쪽으로 바위가 자리해 마치 문을 통과하는 것 같다.

금강문을 지나면 등산로 절반은 설악산국립공원이 설치한 목제 계단길이다. 힘은 들지만 즐겁다. 이곳부터 깎아지른 모습의 공룡능선이 눈앞에 펼쳐지기 때문이다. 공룡능선 뒤로는 설악산 정상인 대청봉은 물론이고 중청봉도 자리하고 있다. 해가 짧은 가을철에는 금강문을 지나 마등령으로 올라가는 길에 일출을 만나는 행운도 누릴 수 있다.

설악산은 위로 올라가면 물이 없다. 하지만 금강문에서 조금만 올라가면 샘터가 나온다. 그 샘터는 마등령을 0.5km 남겨둔 이정표 바로 직전 오른쪽에 자리하고 있다. 샘터는 언뜻 보면 물이 있을까 싶지만 돌 사이로 물이 흘러내린다. 물병으로 쉽게 물을 받을 수 있다. 물맛도 참 좋다. 언제인가 비선대로 하산하는 길에 이곳에서 보충한 물을 집에 와서 마시는데도 물맛이 살아 있었다.

마등령 정상에 서면 왼쪽으로 바위가 있다. 그곳에 올라서면 외설악은 물론이고 귀때기청봉까지 보인다. 마등령 정상에서 0.1km를 내려가면 마등령삼거리가 나온다. 오세암 쪽에서 올라온 길과 만나는 마등령삼거리는 공룡능선 시작점이다. 평평한데다 공간도 넓어서 쉬기에 안성맞춤이다.

공룡능선은 마등령삼거리에서 무너미고개까지 4.9km이다. 거리상으로는 2시간 반 정도면 갈 수 있지만 이론과 실제 상황은 다르다. 마등령 정상은 해발 고도 1300m에 조금 못 미친다. 해발 고도

320m인 비선대에서 이곳까지 올라가다 보면 체력이 많이 손실된 상태인데, 나한봉, 큰새봉, 1275봉, 천화대암릉, 신선대 등 여섯 개의 고산준령을 넘어야 한다. 일단 진입을 하면 탈출구도 없다. 그래서 공룡능선은 더더욱 힘들다. 다만, 등산로를 벗어날 일은 거의 없다. 2006년 7월 설악산 수해 이후 국립공원에서 헬리콥터로 돌을 날라다 등산로를 돌로 포장하다시피 했기 때문이다. 전에는 공룡능선에서 길을 잘못 들어 고생을 하는 경우도 있었다고 하는데, 이정표만 잘 보면 그럴 일은 거의 없다. 그렇더라도 방심은 금물이다. 2016년 무너미고개에서 공룡능선으로 들어가 큰새봉을 오르고 있는데, 위에서 내려오던 등산객들이 길을 잘못 들어 "길이 어디인가요?" 하고 외치는 상황을 목격하기도 했다.

나한봉에서 큰새봉을, 큰새봉에서 나한봉을 보다

마등령삼거리에서 왼쪽 길로 접어들어 조금 가면 너덜이 나온다. 5월이면 너덜까지 가는 구간에 큰앵초가 군락을 지어 흐드러지게 진분홍 꽃을 보여준다. 큰앵초는 신선대 오름길에도 많다. 너덜에 서면 마등령에서 저항령으로 이어지는 백두대간과 마등봉 오른쪽에 자리한 세존봉도 장관이다. 개인적으로는 이 너덜에서 간식이나 점심을 먹으면서 질경을 즐기곤 했다.

너덜을 넘어서면 등산로가 험해진다. 왼쪽으로는 천길 낭떠러지인데, 오른쪽에 좁지만 평평한 바위가 자리하고 있다. 그 바위에 서게 되면 정면으로 공룡능선, 오른쪽으로 대청봉-중청봉-끝청-귀때기청봉-안산으로 이어지는 서북능선이 손에 잡힐 듯 펼쳐진다. 서북능선 앞으로 용아장성이 꿈틀거린다. 용아장성과 공룡능선 사이에 있는 계곡은 가야동계곡이다. 오세암 앞에 자리한 만경대도 보인다. 진행 방향으로는 나한봉이 가로막고 있는데, 봉우리가 둘이다.

나한봉은 정상을 넘지 않고 오른쪽으로 돌아 넘는다. 그곳에 이정표가 있다. 나한봉에 서면 독수리가 금방이라도 날갯짓을 할 것 같은 모습을 한 큰새봉이 눈앞에 다가오고, 그 뒤로 대청, 중청, 소청 삼형제가 큰새봉을 감싸 안은 모습으로 자리한다. 나한봉에서 아주 조금 내려가면 오른쪽에 바위가 있는데, 그곳에 올라가면 큰새봉은 더욱 웅장한 모습으로 다가온다. 좀더 내려가다가 가파른 내리막길이 끝나는 지점에서 왼쪽 암벽을 유심히 살펴보면 산솜다리를 만날 수 있다. 그리고 바로 몇 걸음 더 옮기면 낭떠러지 협곡이 나온다. 족히 20~30m 높이는 되는 협곡은 와이어 로프를 잡지 않고는 내려갈 수 없는 공룡능선 최고의 어려운 구간이다. 협곡은 늘 정체가 되는 곳이다. 협곡 입구 오른쪽에 자리한 바위도 조망 포인트이다.

와이어 로프를 타고 협곡을 내려가면 내리막길이 조금 이어지다가 큰새봉 오르막길이 시작되는데, 그리 높지는 않다. 오르막길이 끝나는 지점에서 뒤를 돌아보면 나한봉이 장엄한 모습으로 다가온다. 몇 걸음 옮기면 큰새봉 안부다. 숲에 가면 숲을 볼 수 없듯이, 큰새봉 안부에 도착하면 이정표는 있지만 그곳이 큰새봉이라고 감을 잡기는 어렵다. 큰새봉 안부는 짧은 협곡 같은 느낌이라고 할까?

큰새봉을 넘어서면 쭉 내리막길이 펼쳐진다. 곳곳에서 조망이 펼쳐진다. 공룡능선 중심인 1275봉이 앞에 자리해 손에 잡힐 듯하다. 내려가는 중간에 와이어 로프를 잡고 올라가는 구간도 나오지만 높지는 않다. 내리막길이 길면 그만큼 또 올라가야 하는데 내리막길은 계속 된다. 중간에 안부 비슷한 곳이 있지만, 내리막길이 끝나지 않는다. 그곳에서도 한참을 더 내려가야 큰새봉 내리막길이 끝난다. 반대로 산행을 하는 경우에는 안부 비슷한 곳에서 체력을 보충하고 큰새봉을 오르는 것도 좋은 방법이다.

내리막길이 끝나면 왼쪽이 트이고, 골바람이 불어온다. 마등령 1.7km, 희운각대피소 3.4km를 알리는 이정표가 있다. 바람이 불어오는 동쪽 계곡은 설악골이다. 바로 옆에 킹콩바위가 자리하고, 멀리 울산바위가 정겹게 다가온다. 5월 중하순에는 산솜다리를, 7월말이나 8월초에는 바람꽃과 솔체를 만날 수 있다. 설악골은 비선대에서 천불동계곡으로 0.5km 지점 이정표 오른쪽에 있는 계곡이다. 설악골에서 불어오는 바람을 쐬며 땀을 식히고 목을 축이고 나면, 1275봉을 올라가야 한다. 큰새봉에서 내려온 만큼 올라가야 하는 힘들고 힘든 고행의 구간이 펼쳐진다. 1275봉은 어느 쪽에서 오르든 마의 구간이다. 2015년 5월 마라톤으로 체력을 다진 친구 C와 동행을 했는데, 친구 C가 이 구간에서 다리에 경련이 일어나 가슴이 철렁했던 기억이 생생하다. 당시 친구 C는 1275봉을 오를 때는 고생을 했지만, 그 후 다리 경련이 풀려서 더 이상 고생을 하지 않고 산행을 마쳤다. 당시 친구 C의 다리 경련 여파로 1275봉 안부까지 올라가는 데 40분이나 걸렸다.

1275봉 안부에서 뒤를 돌아보면 장쾌한 큰새봉이 나한봉에서 본 모습과는 전혀 다른 모습으로 다가온다. 특히 큰새봉에서 가야동계곡으로 뻗어 내린 암릉은 말 옆모습을 꼭 빼닮은 것처럼 보인다. 큰새봉 동쪽으로 나한봉과 마등봉이 앞서거니 뒤서거니 겹치면서 파노라마처럼 다가온다. 봉우리와 봉우리 사이에 운해라도 들어오면 선계가 따로 없다. 5월 중하순이면 1275봉을 오르는 길 암벽에 핀 산솜다리도 많이 만날 수 있다. 1275봉을 넘어 내려가는 길가에도 산솜다리가 많고 튼실하다.

1275봉 안부는 만인의 쉼터이다. 그곳에서 쉬다 보면 1275봉 정상을 올라가는 등산객도 볼 수 있다. 시간도 없고, 위험하기도 해서 1275봉 정상을 올라가지 못했다. 1275봉은 공룡능선의 중심이자 상징이다. 1275봉은 해발 고도에서 따왔다. 그 위용은 이루 말할 수 없다. 1275봉은 비선대에서 보면 둥그런 암봉으로, 마등령 직전부터 나한봉까지는 깎아지른 칼등 같은 모습으로, 큰새봉에서 내려올 때는 넉넉하고 후덕한 모습으로, 1275봉과 노인봉 사이 안부에서는 근육질 암봉으로, 천화대암릉 고개를 넘으면서 보면 웅장하고 웅장한 모습으로, 신선대에서는 공룡능선의 중심이

자 상징으로 다가선다.

1275봉에서 천화대암릉 쪽으로 내려가려면 경사가 심한 구간을 두 번에 걸쳐 가야 한다. 먼저 첫 번째 내리막 구간 반은 숲속 내리막길이고, 나머지 반은 바위길이다. 숲속 길을 내려가다 보면 나무 사이로 천화대암릉에 자리한 노인봉 정상이 발아래로 잠깐 얼굴을 내민다. 이 모습을 보고 있자면 마치 하늘에 떠 있는 듯한 기분이 들기도 한다. 바위 길은 넓고, 가운데로 와이어 로프가 설치돼 있다. 눈이 쌓이고, 얼음이 어는 겨울에는 와이어 로프에 의지하지 않고는 오르내리기 어렵다. 바위 길을 내려가면서 눈앞에 펼쳐지는 모습은 환상적이다. 천화대암릉의 바늘처럼 솟은 암봉은 지구상에서 펼쳐지는 어떤 열병식보다 멋진 모습이다. 천화대암릉과 그 뒤에 자리한 대청봉이 높낮이를 달리하면서 보여주는 모습은 가히 환상적이다. 아쉬움이라면 역광이라는 점이다.

1275봉과 노인봉 사이 안부는 쉼터이다. 이곳에서 뒤돌아보는 근육질 1275봉이 가장 인상적이다. 반드시 1275봉을 눈에라도 담아야할 곳이다. 1275봉을 가장 멋진 모습으로 감상할 수 있는 곳은 천화대암릉에 자리한 노인봉이다. 이곳에서 보는 1275봉은 그야말로 장관이고 멋쟁이 가운데 멋쟁이로 다가오지만, 노인봉은 출입 제한 지역이다. 허가를 받고 범봉을 등반한 암벽 등반가들이 노인봉을 들렀다가 공룡능선 등산로를 따라 하산을 하고는 한다.

노인봉과 1275봉 안부에서는 지형상 올라가야 할 것 같지만 다시 내리막 구간이 시작된다. 이 구간은 경사도가 심하지는 않지만 반대편에서 올라오자면 지루하고 힘든 구간으로 기억된다. 내리막이 끝나는 지점에 지도상에도 나오는 샘터가 있지만, 모래 위에 물이 촉촉한 정도에 불과해 물을 얻기는 불가능하다.

샘터에서부터 다시 오르막이 시작되고, 고개를 넘게 되는데, 고갯마루가 바로 천화대암릉이다. 천화대는 줄지어선 암봉이 마치 하늘에 핀 꽃 같다고 해서 붙여진 이름이라고 한다. 천화대암릉 고개를 넘기 전에 1275봉을 감상하는 것도 잊어서는 안 된다. 공룡능선 상에서 1275봉을 가장 확실하게 즐길 수 있는 곳이다. 천화대암릉 암봉에도 산솜다리가 서식하고 있다.

천화대암릉 고개를 넘으면 신선대가 뾰족한 모습으로 역광 속에 아스라이 보인다. 그 뾰족한 암봉을 넘어야 한다고 생각을 하면 걱정이 앞선다. 신선대 방향으로 조금 진행해 내리막길을 거쳐 오르막을 올랐다고 생각할 때 뒤로 보이는 천화대암릉이 환상적이다. 공룡능선 최고의 포토존 가운데 한 곳이다.

그곳에서 조금 더 진행하면 조그만 고개를 하나 넘는다. 그 고갯마루 오른쪽에 널따란 바위가 있는데, 조망 포인트다. 대청, 중청, 소청 삼형제는 물론이고 소청에서 뻗어 내린 용아장성이 보인다. 그 뒤로는 귀때기청봉이 웅장한 모습으로 자리하고 있다. 귀때기청봉의 웅장미는 대청봉에 견주어도 못하지 않다.

국립공원 제1경, 신선대에서 보는 공룡능선

내리막이 끝나고 신선대로 올라가는 길은 경사도가 만만치 않아 숨이 막히지만, 가끔씩 뒤를 돌아보면 멀리 마등봉부터 나한봉, 큰새봉, 1275봉, 천화대암릉이 줄지어 있다. 올라갈수록 더 장엄하게 보인다. 여기에다 천화대암릉 오른쪽으로는 우뚝 솟은 늘씬한 범봉이 맞아 준다. 경치에 취하고 취하다 보면 신선대에 올라선다.

신선대에서 보는 공룡능선은 국립공원공단이 선정한 국립공원 제1경이다. 2006년 9월 공룡능선 산행을 하면서 신선대에 처음 섰을 때 그 감동과 임팩트는 잊을 수가 없다. 신선대에서는 대청, 중청, 소청 삼형제를 가장 가깝게 즐길 수 있는 곳이기도 하다.

희운각대피소를 예약했다면 신선대에서 석양을 즐겨도 좋다. 2013년 7월 6일 희운각대피소에서 이른 저녁을 먹고 신선대를 찾아 해넘이를 즐긴 적이 있다. 가야동계곡 위로 떨어지는 해가 공룡능선 주변을 황금빛으로 달구는 모습은 넋을 잃게 했다.

신선대에서 무너미고개로 가는 길은 가파른 내리막이 이어진다. 20분 정도면 무너미고개에 갈 수 있는데, 중간에 바위 절벽을 내려가는 와이어 로프 구간도 있다. 와이어 로프 바로 아래 자리한 조그만 계곡에는 물도 흘러서 등산객들이 손을 씻으면서 쉬어가는 곳이다.

무너미고개에 도착하면 공룡능선 산행은 끝나지만, 소공원까지 8.3km가 남아 있다. 왼쪽 8시 방향으로 가면 천불동계곡이고, 직진을 하면 희운각대피소이다. 필요한 경우 무너미고개에서 0.2km 거리에 있는 희운각대피소에서 생수나 행동식을 보충할 수 있다.

천불동계곡으로 하산하는 길 역시 심한 내리막길이 맞아준다. 내리막길이 끝나면 오른쪽 방향에서 물 흐르는 소리가 들린다. 대청봉에서 시작해 '죽음의 계곡'을 거쳐 내려오는 물로, 천불동계곡 상류이다. 다리를 두 번 건너고 나면 오른쪽 하늘을 찌를 듯 솟구친 암봉이 줄지어 반겨준다. 천당폭포를 거쳐 양폭대피소에 이를 때까지 암봉들이 선사하는 천불동계곡 최고의 절경이 펼쳐진다.

양폭대피소부터는 계곡을 따라 가는 울퉁불퉁한 돌길이 이어진다. 귀신 모양을 닮았다고 해서 명명된 귀면암 앞에 서면 80여개 계단의 오르막길이 앞을 가로막는다. 체력이 많이 손실된 시점이다 보니 계단을 오르는 게 힘들기 그지없다. 중간중간에 자리한 드넓은 암반과 그 위를 흐르는 맑은 물을 즐기면서 걷다보면 눈앞에 장군봉이 자리한다. 장군봉 중간에 위치한 금강굴도 보인다. 천불동계곡 포토존 가운데 한 곳이다. 0.5km를 더 가면 비선대이다. 전에는 이곳쯤에서 계곡에 들어가 발을 씻기도 했지만 요즘은 출입이 금지됐다. 비선대에 도착하면 '휴~' 하는 숨이 절로 나온다. 힘든 산행을 마감했다는 안도감이다. 하지만 소공원까지는 3km를 더 가야 한다.

공룡능선 산행은 엄청난 체력을 요구한다. 언제인가 백담사에서 마등령을 넘어 비선대로 하산하는 길에 공룡능선을 넘은 등산객 일행과 동행한 적이 있다. 그 중 한 중년 남성이 "이렇게 힘든 줄 알았으면 안 왔다."고 푸념을 했다. 그는 등산화도 아닌 트레킹화를 신고 있었다. 공룡능선 산행을 하려면 사전에 충분한 체력을 기르고, 등산화도 제대로 갖춰야 안전하고 즐거운 산행이 가능하다.

지점별 통과 시간

2015년 5월 16일

소공원 설악동탐방지원센터 04:00–비선대 04:45–유선대 뒤 바위 05:42–첫 번째 전망바위 06:17–두 번째 전망바위 06:40–금강문 07:15–마등령 07:40–너덜 7:58 아침–나한봉 8:21–큰새봉 09:00–큰새봉과 1275봉 사이 안부 09:20 휴식–1275봉 10:02–천화대 능선 10:48 휴식–신선대–11:47 점심–무너미고개 12:31–양폭대피소 13:15–비선대 14:53–소공원 15:30

2017년 5월 20일

소공원 03:50–비선대 04:30–귀면암 05:03 휴식–오련폭포 05:34–양폭대피소 05:48 휴식–무너미고개 07:00–신선대 07:45 아침 08:20 출발–천화대암릉 고개 08:59–노인봉 1275 안부 9:25–1275 안부 09:46–1275 넘어서 휴식–큰새봉 10:35–나한봉 11:11–너덜 휴식–마등령삼거리 휴식 11:45 출발–오세암 12:32–오세암 첫 고개 휴식–오세암 수렴동 갈림길 13:29–길골 입구 휴식–백담사 입구 15:00

8 가장 짧은 시간에 공룡능선을 즐기는 '백담사-비선대 길'

숲길을 걸으며 힐링하는 길! 영시암-오세암 구간 원시림을 걸으며 구도를 하는 길! 오세암에서 등줄기에 땀을 한 시간 반 정도 흘리면 공룡능선을 즐길 수 있는 길! 바로 백담사에서 출발해 영시암-오세암-마등령삼거리-마등령 정상-비선대-설악동 소공원으로 이어지는 길이다. 등산 거리는 13.9km에 달한다. 공룡능선을 일부라도 즐기려면 마등령삼거리에서 나한봉까지 왕복 한 시간 정도를 별도로 투자해야 한다.

백담사에서 영시암까지 3.5km와 비선대에서 소공원까지 3km는 평탄한 길이다. 850m 정도 높이를 올라가야 한다. 마등령 정상에서 비선대까지 하산 길은 계속 내리막길로 순수 고도 1000m 가량을 내려가기 때문에 무릎에 부담이 가는 난코스이다. 서울에서 대중교통을 이용해 당일 산행이 가능하다.

서울에서 속초나 간성행 버스를 타고 인제군 북면 용대2리 백담입구시외버스터미널에서 하차해 접근할 수 있다.

백담입구시외버스터미널에서 영시암을 지나 만나는 오세암과 대청봉 갈림길까지는 2부 5 '계곡과 능선길이 아름다운 백담사-대청봉 길'과 같은 길을 걷는다.

영시암을 지나자마자 만나는 삼거리에서 직진을 하면 수렴동대피소와 봉정암을 거쳐 대청봉으로 가게 된다. 오세암을 가려면 왼쪽 9시 방향으로 길을 잡아야 한다. 영시암에서 오세암까지는 2.5km 숲길이다. 흙길도 있으며, 좌우에 아름드리 전나무가 자리한 숲은 원시림 그 자체이다. 힐링이 저절로 된다. 중간중간에 만해 한용운이 쓴 한시를 번역해 놓았다. 능선을 4개 넘는데, 오세암 직전에 넘는 능선은 숨이 막히는 깔딱고개이다.

이 깔딱고개를 오르면 저절로 배낭을 내리고 쉬게 된다. 쉬다 보면 진행 방향 오른쪽으로 토끼길이 보이는데, '탐방로 아님'이라고 적힌 안내판이 있다. 만경대로 올라가는 길이다. 만경대 아래 자리해 이 지점을 '만경대 안부'라고 부르기도 한다. 설악산에는 만경대가 내설악, 외설악, 남설악에 각각 한 곳씩 모두 세 곳에 있다. 남설악에 자리한 만경대만 2017년 한시적으로 개방이 되기도 했으나, 모두 출입제한 지역이다. 외설악 만경대는 양폭대피소 앞쪽에 위치하고 있으며, 하늘처럼 높은 암봉처럼 보인다.

오르막이 있으면 내리막이 있는 게 이치다. 오세암까지는 내리막길이다. 왠지 손해를 보는 느낌이다. 공룡능선 산행을 하고 오세암으로 하산하는 경우, 이 고갯길은 참 힘든 구간이다. 계속 내려갈 것으로 생각했는데 고개가 나오면 심리 상태가 붕괴될 수밖에 없기 때문이다. 오세암은 주변 산봉우리들이 암자를 둘러싸고 있는 모습이다. 앞으로는 만경대와 용아장성이 자리하고 있다. 오세암에 머물면 저절로 수양이 될 듯하다.

오세암 경내를 빠져나가면 곧바로 삼거리가 나온다. 왼쪽이 마등령 가는 길이고, 오른쪽은 봉정암을 가는 불자들 순례길이다. 오세암에서 마등령삼거리까지는 1.4km로, 가파른 오르막이 1km 정도 계속된다. 2017년 폭우로 등산로가 유실되는 사태가 발생한 이후 데크 계단이 많이 설치됐다. 설악산 등산로 가운데 다듬어지지 않은 구간 중 한 곳이다. 전에는 등산로에 길을 안내하는 줄을 매어 놓았었는데, 2019년 6월 6일 산행 때 보니 '안전길잡이' 표시가 등산로 옆 나무에 많이 걸려 있었다. 이 길을 오르다 보면 까마득히 높은 곳에 자리했던 암봉들이 발아래로 내려가는 게 신기하게 느껴진다.

오세암 기점 0.9km 이정표가 나오면 오르막길이 거의 끝난다. 그곳에서 조금 더 올라가면 평지가 나온다. 그곳부터 마등령삼거리까지는 천상화원이다. 5월 중순부터 6월 초순에는 큰앵초, 풀솜대, 눈개승마, 함박꽃나무가 만발을 하고, 7월에는 도라지모시대와 말나리가 흐드러지게 핀다. 함박꽃나무는 5월 하순이나 6월 초순 순백의 목련꽃 같은 꽃을 피우는데 오세암에서 조금 올라가면 보이기 시작해 비선대까지 쭉 동행한다.

마등령삼거리에 도착하면 시야가 확 트이면서 외설악이 눈앞에 펼쳐진다. 장관이다. 마등령삼거리는 공룡능선이 시작되는 곳이고, 끝나는 지점이기도 하다. 이곳에서 오른쪽 3시 방향으로 가면 공룡능선이다. 왼쪽 3시 방향은 마등령고개를 거쳐 비선대로 하산하는 길이다.

공룡능선을 일부라도 즐기고 싶으면 발길을 오른쪽으로 돌려 나한봉까지 가면 된다. 나한봉에서 보는 공룡능선은 신선대에서 보는 모습과도 견줄 만하다. 한 시간 정도 시간을 내면 나한봉에 가서 공룡능선의 장엄하고 빼어난 풍광을 즐길 수 있다. 다만, 나한봉에는 앉아서 쉴 만한 장소가 없다. 등산로에서 즐겨야 한다. 마등령삼거리에서 나한봉 구간은 2부 7 '더없이 아름답고 더없이 힘든 공룡능선 길'을 참조하면 된다.

이제는 하산을 재촉해야 한다. 해가 지기 전에 하산을 하려면 계속 풍광만 즐길 수는 없다. 마등령삼거리로 다시 돌아와 비선대 방향으로 접어든다. 이곳에서 마등령 정상까지는 오르막길로 0.1km다.

마등령–금강문 구간에서 공룡 등줄기에 감탄

마등령 정상 데크 계단 길 시작점 바로 옆에 바위가 있는데, 조망 포인트다. 그곳에서 외설악과 공룡능선, 서북능선을 다시 즐기고 데크 계단에 발을 내딛으면 내리막길이 이어지는데, 금강문 직전에 갈 때까지 눈앞에 나한봉, 큰새봉, 1275봉, 신선대가 순서대로 도열하고 있다. 공룡능선에서 천불동계곡 방향으로 조금 비껴나서 자리한 범봉도 시시각각 다른 모습으로 다가온다. 금강문은 설악 주전골에도 있는데 불교에서 유래한다.

"불탑이나 사찰의 문을 지키는 수호신인 금강역사를 모시는 문으

로 절 초입에서 세워진 일주문과 천왕문 사이에 세워진다." 불교 용어사전에 나오는 금강문에 대한 설명이다.

마등령 기점 0.5km 이정표가 자리한 바로 아래 왼쪽으로 샘터가 있다.

금강문부터 유선대 바로 뒤까지는 숲속을 내려가게 된다. 너덜을 지나면 약간 올라가는 길이 있을 뿐이다. 경사도 완만한 숲길인데, 두 곳에 조망 포인트가 있어서 공룡능선과 천불동계곡, 그리고 세존봉의 위용을 즐길 수 있다. 내려가는 길 오른쪽으로 바위가 나타나고 사람들이 지나간 흔적이 있으면 그곳이 바로 조망 포인트이다.

조망 없이 내려가는 길은 힘들고 지루한데, 설악산은 곳곳에 조망 명소를 숨겨두고 있다. 유선대 직전에 왼쪽으로 별 볼 일 없을 것 같은 바위가 나오는데, 숨겨진 조망 포인트이다. 올라가면 탄성을 지르게 된다.

유선대 뒤에서부터 비선대까지는 난이도 최상의 내리막길이 이어진다. 비선대 0.8km를 알리는 이정표를 지나면 갑자기 장군봉 뒤쪽 암벽이 나타나고, 등산로가 오른쪽으로 굽어지면서 천불동계곡이 눈앞에 확 들어온다. 그 모습에 정신이 팔렸다가는 부상을 당하기 일쑤이다. 등산로가 너무 가파르고 다듬어지지 않은 돌길이기 때문이다. 시쳇말로 설악산에서 '무릎 나가는 곳'이 바로 이 지점부터 비선대 구간이다. 비선대를 0.4km 남겨놓고 왼쪽으로 금강굴 올라가는 길이 있다. 금강굴에서 보는 조망은 이루 말할 수 없을 정도로 아름답다. 금강굴까지는 0.2km 가파른 계단길이다.

비선대에 도착하면, 유선대 뒤편에서는 발아래 자리했던 장군봉이 까마득한 높이를 자랑하며 압도를 하고, 철제 다리를 건너면서 오른쪽으로 천불동계곡을 바라보면 아름다움에 취해 다시 찾고 싶은 충동이 인다. 그게 설악산이다. 비선대 이후는 소공원까지 3km 길을 관광객들과 같이하게 된다.

지점별 통과 시간

2015년 8월 22일

백담사 입구 10:00–영시암 간식 11:02–만경대 안부 간식–오세암 12:10–마등령삼거리 13:18–공룡능선 초입 너덜 13:30 점심–나한봉 14:20–비선대 17:00–소공원 버스터미널 18:00

2016년 7월 24일

백담사 입구 9:50–영시암 10:50 간식–만경대 안부 간식–오세암 12:10–마등령삼거리 13:10–마등령 13:20 점심 13:40 출발–비선대 16:20

2019년 6월 6일

백담사 입구 09:56–황장폭포 10:08–영시암 10:56–만경대 안부 11:55 간식 12:01–오세암 12:07–마등령삼거리 13:25–공룡능선 초입 너덜 13:40 점심 13:56–나한봉 14:04–나한봉 협곡 와이어 로프 14:31–마등령삼거리 15:16–마등령 정상 15:22–유선대 뒤 전망 포인트 16:46–비선대 17:38–소공원 18:31

9 불심(佛心)으로 가는 '오세암-봉정암 순례길'

"어디까지 가세요?" 나 홀로 설악산을 찾기 시작한 지 얼마 안 된 2010년 6월이다. 중청대피소를 예약하고 한계령휴게소에서 설악산 품에 안겼을 때다. 하얀 고무신에 괴나리봇짐을 진 아저씨 한 분, 그리고 아주머니 세 분 일행과 앞서거니 뒤서거니 하면서 산길을 걷다가 그들에게 물었다. "봉정암에 갑니다." 하는 대답이 돌아왔다. 엥? 봉정암을 왜 이 길로 가지? "봉정암에 가시려면 백담사로 가시는 게 좋잖아요?" 궁금해서 다시 물어봤다. "그 길은 너무 많이 다녀서 새로운 곳으로 가 보려고요."

이튿날 대청봉에서 구름 사이로 떠오르는 해를 보고 어디로 하산을 할까 고민을 하다가 가보지 않은 백담사로 내려가기로 했다. 지금은 해탈고개로 이름 붙여진 봉정골 깔딱고개를 내려가는데 하얀 고무신에 봇짐을 진 아주머니들이 올라오고 있었다. 그 이후 백담사까지 가면서 그 같은 모습을 한 분들을 많이 만날 수 있었다. 봉정암을 찾는 불자(佛子)들이다.

봉정암은 자장율사가 신라 선덕왕 13년(644년) 창건했다고 전해진다. 자장율사가 중국에서 가져온 부처님 뇌사리를 모신 곳으로 양산 통도사, 오대산 상원사, 영월 사자산 법흥사, 태백산 정암사와 함께 5대 적멸보궁이다. 불자들에게는 순례길 1순위라고 한다.

그해 8월 22일. 친구들과 중청대피소에서 1박을 하고 봉정암-오세암 길로 하산을 했다. 그해 6월 한계령-중청봉 길에서 불자들을 만났고, 그 이튿날 백담사로 하산을 하면서 봉정암을 처음 가게 됐고, 2개월 뒤 봉정암-오세암 길을 걸었으니 참 묘한 인연이다. 이 길로 하산을 하면서 다시 한 번 불자들의 불심에 감탄을 했다. 거리는 4.1km에 불과하지만 엄청나게 힘들었던 코스라는 기억밖에 나지 않는다. 이날 산행은 봉정암에서 오세암으로 곧바로 가지 않고 사자바위까지 내려갔다가 다시 봉정암으로 되돌아와 사리탑을 본 후 오세암으로 내려갔다.

봉정암에서 오세암 가는 길로 접어들어 올라가다가 삼거리에서 왼쪽으로 접어들면 봉정암 사리탑에 도착한다. 소청봉과 끝청, 서북능선이 감싸 안고, 용아장성이 시작되는 지점에 자리를 잡은 사리탑은 멋을 내지 않아 단아한 모습이지만 볼수록 간결미의 극치를 보여주는 듯하다. 사리탑은 기단이 별도로 없이 자연 암반을 기단 삼아 쌓은 5층 석탑이다. 자연 암반 기단에는 연꽃문양이 새겨져 있다. 중청봉에서 소청봉으로 내려오는 길에서도 사리탑은 금방 눈에 들어온다.

사리탑을 보고 오른쪽으로 눈을 돌리면 기품이 넘치는 소나무와 함께 전망대가 보인다. 전망대에 서면 철옹성 같은 용아장성이 한눈에 들어온다. 감동과 감탄이라는 말 밖에는 표현할 방법이 없다. 동해 쪽으로는 공룡능선이 펼쳐진다. 공룡능선과 용아장성 사이로 가야동계곡이 자리하고, 내설악을 장식하는 수많은 암봉들이 발아래 줄지어 도열해 있다. 사리탑 전망대는 겨울이면 몸을 가누기도 어려운 세찬 바람이 몰아친다.

전망대에서 사리탑으로 되돌아가지 않고, 오른쪽으로 방향을 잡아 조금 가면 봉정암에서 오세암 가는 길과 합류하는데, 그곳은 좌우에 암봉과 바위가 기둥처럼 서 있어서 협곡 같은 분위기를 풍긴다. 겨울철에는 '이곳으로 가면 죽음'이라는 무시무시한 안내판이 붙어있다. 봉정암에서 가야동계곡과 만나는 지점까지는 1.6km인데, 내리막길은 난이도 최상이다.

그 길을 하얀 고무신을 신은 할머니와 아주머니들이 네 발로 기면서 오르고 있었다. 오세암에서 숙박을 하고 봉정암을 찾는 불자들이다. 그후 하얀 고무신을 신은 불자들 모습은 해가 가면서 서서히 사라져 2년 사이에 운동화나 경등산화로 바뀌었다.

조금 내려가다 보면 왼쪽 나뭇잎 사이로 송곳니 같은 용아장성 암봉이 들어온다. 그 암봉은 송곳니처럼 능선 가장자리에 자리하고 있다. 좀더 자세히 보려고 등산로에서 용아장성 쪽으로 조금만 발걸음을 옮기면 조망 포인트이다. 송곳니 같은 암봉을 좌우로 웅장하고 웅장한 용아장성이 반겨준다. 감탄사가 절로 나왔다. 그렇게 아름답고 멋질 수 없다. 그것만이 아니다. 그곳에서는 공룡능선 1275봉과 큰새봉, 그 사이로 세존봉도 나뭇가지 사이로 눈앞에 다가섰다. 조망 포인트에서 만난 경상도 말을 쓰는 한 중년 남자는 "염불 한 시간

덜 하면 어떠냐. 이런 광경은 보고 가야 한다."며 자리를 깔고 앉았다. 그 광경이 얼마나 아름다웠으면 그 불자님이 염불 한 시간과 맞바꾸었을까?

네 발로 올라오는 불자와 그들의 불심을 느끼면서 내려가다 보면 가야동계곡과 만나게 된다. 가야동계곡은 대청봉 바로 아래에서 시작해 희운각대피소 옆으로 흘러 수렴동대피소 앞에서 수렴동계곡과 만난다. 가야동계곡에 서면 진행 방향으로 삼각김밥 모양의 하얀 암벽이 눈앞에 다가온다. 바로 큰새봉에서 가야동계곡으로 뻗어 내린 암릉이다. 공룡능선 1275봉 안부에서 바라보면 말 궁둥이처럼 생긴 그 암릉이 가야동계곡에서는 삼각김밥 모양으로 다가왔다.

가야동계곡에서 오세암까지 남은 거리는 숲길 2.4km에 불과하지만 공룡능선 큰새봉과 나한봉에서 가야동계곡으로 뻗어 내린 네 개의 능선을 넘어야 한다. 능선은 오르내림도 심해 힘이 드는 구간이다. 힘들다 보니 저절로 묵언 수행을 하면서 걸을 수밖에 없게 된다.

2010년 8월 22일 봉정암 사리탑에서 08:23 출발해 사리탑을 거쳐 오세암까지 3시간 걸렸다. 반대로 올라가는 길은 이보다 30분 정도는 더 걸린다.

오세암은 643년(선덕여왕 12년) 자장율사가 지었는데, 당시에는 관음암(觀音庵)이라 불렸다. 5살 된 아이가 폭설 속에서 관세음보살의 도움으로 살아남았다는 전설이 있어서 '오세암'이라는 이름이 붙었다고 한다. 오세암에 얽힌 전설은 다음과 같다.

"신라 시대 무렵, 설정이란 스님이 홀로 어린 조카를 키우며 지내던 중 어린 조카는 이제 5살이 되었다. 어느 날 스님이 그 암자를 둘러보니 양식이 다 떨어져 어쩔 수 없이 산 아랫마을로 양식을 구하러 가게 되었다. 이에 혼자 남겨질 조카에게 '혼자 있는 것이 무섭거든 관세음보살 님의 이름을 외우며 지내거라.' 하고 일러주고는 길을 떠났다. 그런데 스님이 산을 내려가서 양식을 구할 무렵 설악산에 엄청난 폭설이 내려서 도저히 암자로 돌아갈 수 없었다. 결국 봄이 되어서 눈이 다 녹은 뒤에야 서둘러 암자로 올라갔는데, 놀랍게도 조카는 멀쩡하게 살아있었다. 어찌된 연유인지 까닭을 물으니, 조카가 말하길 '관세음보살이 때마다 찾아와 보살펴 주었다'는 것이다. 스님은 관세음보살의 신력(神力)에 감동해 암자의 이름을 오세암으로 바꾸었다고 한다."

오세암에 대한 설명은 나무위키로 대신한다. 오세암에는 관음전이 제일 위에 자리하고 있고, 동자전(童子展)도 있다.

3부

환희

대청봉에서 남쪽으로 펼쳐진 산그리메.

설악산을 찾는 이유는 간단하다. 설악산은 빼어난 절경을 자랑하는 명산이다. 능선에 서면 호쾌하다. 서울에서 두 시간이면 갈 수 있어 접근성도 편한데다, 그곳에 가면 더없는 기쁨을 누릴 수 있기 때문이 아닐까? 그 중에도 설악산 정상인 대청봉, 국립공원 제1 절경을 감상할 수 있는 공룡능선 신선대, 설악산 서북쪽 귀퉁이에 자리를 잡고 있지만 대청봉보다 잘났다고 뻐기는 귀때기청봉, 공룡능선 봉우리 가운데 가장 높은 나한봉은 설악산의 진수를 느낄 수 있는 조망 포인트로 환희와 탄성이 절로 나오는 곳이다.

● 내설악. 2016년 6월 5일 귀때기청봉에서 일출을 보고 한계령으로 하산하는 길에 햇살이 내설악 품속으로 떨어지면서 환상적인 모습을 연출했다.

● 2018년 7월 22일 일출 직전 대청봉에서 바라본 북쪽 산그리메.
오른쪽 가장 뒤 산 능선이 금강산이다.

● 2018년 7월 21일 일몰 시간에 대청봉에서 바라본 금강산.

● 2019년 5월 18일 귀때기청봉 털진달래 산행을 했다.

● 공룡능선 나한봉에서 바라보는 큰새봉. 왼쪽 옆으로 1275봉이, 멀리 대청봉과 중청봉이 너그러운 모습으로 자리하고 있다. ●● 귀때기청봉 일출. 공룡능선 너머 동해로 해가 떠오른다. 오른쪽으로 대청, 중청, 소청 삼형제가 자리하고 있다. ●●●대청봉 바로 아래에서 담은 동해.

● 남설악탐방지원센터에서 대청봉을 오르다 뒤돌아보면 점봉산이 발아래 자리하면서 아스라이 펼쳐지는 산그리메가 응원을 해준다. ●● 신선대에서 본 공룡능선 석양. ●●● 무너미고개에서 본 천불동계곡 운해.

1 대청봉

모든 길은 로마로 통한다. 설악산 모든 등산로는 대청봉으로 이어진다. 그곳에 서면 설악산의 빼어난 산세를 감상할 수 있다. 여기에 더해 북으로는 금강산, 남으로는 가리왕산, 서쪽으로는 화악산까지 조망된다. 그야말로 일망무제를 느낄 수 있다. 그래서 대청봉은 산을 좋아하는 사람들의 로망이고 안식처라고 해도 과언이 아니다. 수도권 산악회 산악대장의 휴대전화번호 뒤 네 자리는 대부분 1708이다. 1708은 대청봉 높이이다. 대청봉에 대한 개괄적인 설명은 자료를 인용한다. 개인적으로 이보다 더 멋지고 알찬 설명을 할 수 없다.

"대청봉은 설악산의 주봉으로서 예전에는 청봉(靑峯) 또는 봉정(鳳頂)이라고 불렀다. 이 중에서 청봉이라는 이름은 창산(昌山) 성해응(成海應)이 지은『동국명산기(東國名山記)』에서 유래됐다고도 하고, 봉우리가 푸르게 보인다는 데서 유래 됐다고도 한다.

대청봉은 설악산에서 가장 높은 봉우리이며, 태백산맥에서 가장 높고, 남한에서는 한라산 백록담(1950m), 지리산 천왕봉(1915m)에 이어 세 번째로 높다.

공룡릉·화채릉·서북릉 등 설악산의 주요 능선의 출발점으로 내설악·외설악의 분기점이 되며, 천불동계곡·가야동계곡 등 설악산에 있는 대부분의 계곡이 이곳에서 발원한다. 인근에 중청봉

(1665m), 끝청봉(1610m), 소청봉(1581m)이 있다.

설악산의 정상인 대청봉은 일출과 일몰로 유명하며, 기상 변화가 심하고, 몸이 밀릴 정도의 강한 바람, 낮은 온도 때문에 눈잣나무 군락이 융단처럼 낮게 자라 (설악산)국립공원 전체와 동해가 한눈에 내려다 보인다." -위키백과-

"설악산 주봉 대청봉! 설악산의 가장 높은 최고봉으로 남한에서는 한라산(1950m), 지리산(1915m)에 이어 세 번째로 높다. 예전에는 청봉(靑峰)·봉정(鳳頂)이라 했는데, 청봉은 창산(昌山) 성해응(成海應)이 지은 《동국명산기(東國名山記)》에서 유래되었다고도 하고, 봉우리가 푸르게 보인다는 데에서 유래되었다고도 한다.

공룡릉, 화채릉, 서북릉 등 설악산의 주요 능선의 출발점으로 내설악·외설악의 분기점이 되며, 천불동계곡, 가야동계곡 등 설악산에 있는 대부분의 계곡이 이곳에서 발원한다. 인근에 중청봉, 소청봉, 끝청이 있다.

정상은 일출과 낙조로 유명하며, 기상 변화가 심하고 강한 바람과 낮은 온도 때문에 눈잣나무 군락이 융단처럼 낮게 자라 (설악산)국립공원 전체와 동해가 한눈에 내려다보인다. 늦가을부터 늦봄까지 눈으로 덮여 있고, 6, 7월이면 녹음이 어우러진다. 정상에는 '요산요수'라는 글귀가 새겨진 바위와 대청봉 표지석이 있다." -한국의 산하-

"설악산의 정상은 여러분들이 잘 아시듯 인제 8경의 하나인 대청봉입니다. 남한에서 한라산 백록담, 지리산 천왕봉에 이어 세 번째로 높은 해발 1708m인 대청봉은 기상 변화가 심하고 강한 바람과 낮은 온도 때문에 눈잣나무 군락이 융단처럼 낮게 자라 국립공원 전체와 동해가 한눈에 내려다보입니다. 설악산 주요 능선의 기암괴석을 한눈에 조망할 수 있는 것도 대청봉의 빼놓을 수 없는 매력입니다. 〈중략〉

설악산은 크게 내설악·외설악으로 나누는데 그 분기점이 대청봉입니다. 또한 공룡릉·화채릉·서북릉 등 주요 능선의 분기점이고, 천불동계곡·가야동계곡 등 설악산에 있는 대부분의 계곡이 이곳에서 발원하니 높이만 높은 것이 아니라 모든 면에서 설악산의 주봉이라 부르기에 부족함이 없습니다." -인제문화관광-

"강원도 양양군 · 인제군 · 속초시에 걸쳐있는 산이다(고도 1708m). 지명은 중추(中秋)부터 눈이 내려 그 이듬해 여름에야 녹으므로 설악 또는 설산 · 설화산 · 설봉산이라 한다. 〈중략〉『동국명산기(東國名山記)』에는 '멀리서 보면 아득하게 푸르게 보이므로 그 봉우리를 가리켜서 청봉(靑峰)이라 한다.'고 기록되어 있다. 『조선지지자료』에는 설악산이 양양군 서면 오색리에 위치한 산으로 기록되어 있다. 대청봉을 중심으로 북북서쪽의 마등령 · 미시령, 서쪽의 오색령(한계령)으로 이어지는 설악산맥, 서쪽의

귀때기청·대승령으로 이어지는 서북능선, 북북동쪽의 화채봉·칠성봉으로 이어지는 화채능선 등 3개의 주능선으로 나눠진다. 이들 능선을 경계로 그 서쪽은 내설악, 동쪽은 외설악, 남쪽은 남설악으로 각각 불린다." -양양관광-

대청봉을 설명하는 내용은 대동소이하다. 그럴 수밖에 없다. 사실이 아닌 설명을 할 수 없으니까. 다만, 특이한 점은 대청봉 주소는 '양양군 서면 오색리 산 1번지' 인데, 인제군은 인제8경이라고 주장을 한다. 대청봉에서 안산까지를 서북능선으로 부르는데, 양양관광에서는 대청봉에서 한계령까지를 설악산맥으로 명명한 점이 이채롭다.

대청봉은 산불방지기간으로 통제를 하는 봄철에는 오르지 못했지만 여름과 가을, 겨울에 수차례 올랐다. 당일 산행을 하면서 오르기도 했고, 무박 산행을 하면서 올라간 적도 있다. 오색, 한계령, 장수대, 남교리, 백담사, 설악동 소공원에서 시작해 올라가는 코스가 있다.

가장 빠르게 올라갈 수 있는 등산로는 남설악탐방지원센터에서 출발하는 코스이다. 일출 산행에 나서는 등산객들이 가장 많이 애용하고, 공룡능선 산행을 하는 수도권 등산객들도 시간상 문제를 극복하기 위해 남설악탐방지원센터에서 많이 올라간다. 난이도가 가장 높은 등산로는 남교리탐방지원센터에서 시작하는 코스이다.

멀리서 보든, 가까이서 보든 대청봉은 너그러운 모습으로 다가오지만, 대청봉을 가는 길은 헉헉 숨을 몰아쉬며 땀을 주룩주룩 흘리는 과정을 몇 번은 거쳐야만 오를 수 있다. 그 대신 그 보상은 반드시 해 준다. 날씨가 맑은 날은 더더욱 그렇다.

대청봉에서 맞는 느낌은 한라산 백록담이나 지리산 천왕봉과 사뭇 다르다. 날씨가 청명한 날 백록담에 오르면 사방팔방이 하늘이고, 발아래 구름이 둥둥 떠 있는 모습을 볼 수 있다. 지리산 천왕봉에 오르면 산이 보인다. 마치 모든 산들이 나를 올려보고 있는 것 같은 착각을 하게 한다.

대청봉은 주변 산군과 어우러지는 모습을 보여준다. 중부지방에서 가장 높은 봉우리지만 자신이 최고라고 외치지 않는다. 정상에 서면 주변 산군과 어깨동무를 하는 것 같은 분위기를 느끼게 한다.

대청봉에 오르면 남쪽으로 백두대간 고산준령이 펼쳐진다. 가까이는 점봉산이 자리하고 그 뒤로 방태산, 오대산, 계방산이 줄을 잇는다. 시야가 좋은 날은 정선 가리왕산도 보인다. 서쪽으로는 서북능선과 가리봉이 자리하고, 저 멀리 화악산이 보인다고도 한다. 어떤 이는 산경표를 들먹이며 삼각산(북한산)이 보일 수도 있다고 한다. 북으로는 국립공원 제1경관을 자랑하는 공룡능선, 그 뒤로 황철봉과 향로봉, 그리고 금강산으로 이어지는 백두대간 마루금이 끝없이 펼쳐진다. 끝자락에는 금강산이 자리하고 있다. 동쪽은 푸른 바다가 넘실거린다. 사방팔방 어디를 바라봐도 각각 다른 모습으로 펼쳐지는 경관이 장관 중 장관이다. 호쾌하다. 막혔던 가슴이 뻥 뚫리는 것 같다.

북서풍은 정상에 서 있기 조차 어려울 정도로 강하다. 대청봉에서 중청으로 내려가는 길 오른편에 설치된 쇠줄은 사람이 날아가는 것을 막기 위한 것이라고 한다. 어떤 이는 "바람에 밀려가다가 이 쇠줄에 걸려서 목숨을 부지할 수 있었다"는 얘기를 자신의 블로그에 남기기도 했다. 그 정도로 바람이 심하다. 2009년 6월 14일 나 홀로 대청봉에 올랐을 때는 바람이 한 점도 없어서 2시간 이상을 놀면서 저녁상까지 차렸던 일은 천재일우의 기회라고나 할까?

겨울에는 추위와 강풍이 어우러져 체감 온도가 영하 40℃ 밑으로 떨어지기 일쑤이다. 그런 대청봉에서 신년 일출을 어떻게 볼까? 강풍을 이기지 못해 일출을 포기하고 하산을 하는 등산객도 많지만, 정상을 등지는 동해 쪽으로 몸을 옮기면 살을 도려낼 것 같은 바람을 피할 수 있다. 강추위야 어쩔 수 없지만. 그런 시련을 이겨내며 동해에서 떠오르는 태양을 보노라면 환희와 탄성이 쏟아지고, 가슴속에서는 자부심이 샘솟을 수밖에 없다.

대청봉은 식물 자원의 보고(寶庫)이기도 하다. 강한 바람을 이겨내려고 땅에 바짝 엎드려 녹색 양탄자 같은 모습으로 자라는 눈잣나무는 삶의 방법을 일깨워 준다. 눈잣나무는 누워서 자란다는 의미이다. 5월을 붉게 수놓는 털진달래도 북서쪽에서 불어오는 강풍을 이겨내고자 키를 키우지 않는다. 털진달래는 귀때기청봉에 엄청난 군락으로 서식하며, 한라산에서도 볼 수 있다고 한다. 6월이면 범꼬리가 대청봉을 장식한다. 7월이 되면 바람꽃이 대청봉을 더 멋지게 만들어 준다. 바람꽃은 서북능선 귀때기청봉–대승령 구간과 공룡능선에도 서식을 하지만 대청봉만큼 군락을 보여주지는 못한다. 산오이풀, 둥근이질풀, 가는다리장구채, 두메잔대, 네귀쓴풀, 참바위취도 같은 시기에 볼 수 있는 야생화이다. 네귀쓴풀은 작은 꽃잎에 청화백자 문양을 담고 있어서 고귀한 멋을 풍긴다. 바람꽃이 질 때쯤이면 금강초롱과 구절초가 대청봉 등산로 좌우에 펼쳐진다.

단풍 소식과 눈 소식을 가장 먼저 전해 주는 곳도 대청봉이다. 9월 중하순이면 대청봉은 붉은 옷으로 갈아입는다. 설악산에 단풍이 들었다는 뉴스가 전해지면 대청봉은 이미 단풍잎을 떨구고 나목으로 장식한다. 봄은 늦게 찾아오지만 단풍이 빨리 들고 지니 눈은 당연히 먼저 내리는 곳이다. 그후 대청봉은 흰 털모자를 쓰고 긴긴 겨울을 보낸다.

2 공룡능선 신선대

신선대(神仙臺)!

말만 들어도 그곳 경치가 빼어나다는 것을 짐작할 수 있다. 신선대는 곳곳에 많다. 경치가 빼어난 곳은 신선대라는 이름이 붙어 있지만, 신선대라고 해서 다 같은 신선대는 아니다. 신선대에서 보는 공룡능선은 국립공원 제1의 경관을 자랑하는 곳이다. 국립공원공단이 선정한 국립공원 100경(景) 중 제1경이다.

국립공원 제1경을 보러 신선대로 가는 길은 설악동 소공원에서 천불동계곡을 거쳐 가는 길이 가장 빠르고 힘이 덜 든다. 신선대 정상 직전에 이정표를 만나게 되는데, 이곳에서 대청, 중청, 소청 3형제의 위용을 즐길 수 있다. 시선을 다시 오른쪽으로 돌리면 눈앞에 용아장성이 있지만, 눈에 잘 들어오지는 않는다. 이정표에서 몇 걸음을 올라가면 저절로 감탄사를 쏟아내는 공룡능선이 눈앞에 장엄하게 펼쳐진다. 바로 신선대에서 보는 국립공원 제1경이다.

신선대에 서면 외설악으로 뻗어 내린 암릉을 장식하는 암봉군이 천상의 꽃 같다고 해서 이름 붙여진 천화대암릉, 그 뒤로 공룡능선의 중심으로 빼어난 근육질 외모를 자랑하는 1275봉, 정상은 마치 큰 독수리가 날갯짓을 하는 모양이고 내설악으로 뻗어 내린 암릉은 마치 커다란 말 몸체를 연상케 하는 큰새봉, 뒤로 공룡능선 암봉 가운데 높이가 가장 높지만 머리를 살짝 내민 나한봉, 그리고 마등봉과 황철봉이 줄지어 있다. 여기에다 애국가 영상에 나와 유명해진, 큰 범선 모양 같다는 범봉(帆峰)이 천화대암릉 오른쪽 앞에 자리해 감탄을 자아내게 한다.

동해에서 구름이 몰려오면 선계는 아름다움을 더한다. 말로는 표현할 길이 없게 된다. 먼저 운해가 범봉과 힘겨루기를 하면서 범봉 오른쪽 아래 위치한 희야봉을 시작으로 범봉을 둘러싸고 있는 암봉들을 하나하나씩 감싸 안으면 마치 구름 위에 바위섬이 있는 것 같다. 그 구름이 동해에서 불어오는 바람의 힘을 얻어 공룡능선을 넘기 시작하면 천화대암릉, 1275봉, 큰새봉, 나한봉 사이사이로 숨어들어 최고의 장관을 연출한다. 이때 동해에서 해가 떠오르는 시간이면 화채능선을 넘어 비추는 햇살은 구름과 어울려 꿈속에서도 상상을 할 수 없는 환상 이상의 환상적인 경관을 연출한다.

2006년 9월 9일 신선대에서 공룡능선을 처음 보는 순간 나도 모르게 감탄사를 쏟아낸 기억이 생생하다. 그 모습은 오히려 충격적이었다. 그 이후 중청대피소나 소청대피소에서 하룻밤을 보내게 되면 공룡능선 산행을 하지 않더라도 신선대에 올라 그 경관을 즐기곤 했다. 신선대에서 풍광을 즐기려고 무박 산행도 했다.

신선대에서 국립공원 제1경을 제대로 감상하려면 많은 시간을 투자해야 한다. 많은 등산객들이 공룡능선 산행을 하면서 신선대에서 기념 사진만 찍고 쏜살같이 발걸음을 재촉하는데, 이런 방식으로는 신선대에서 경관을 제대로 감상할 수 없다.

2011년 7월 31일 신선대에서 공룡능선을 놓고 펼쳐지는 운해쇼를 1시간 50분에 걸쳐 즐긴 적이 있다. 힘들게 중청대피소 한 자리가 예약돼 나 홀로 한 산행 때였다. 전날인 30일 한계령에서 출발한 산행은 조망도 없이 안개 속을 걸었다. 이튿날도 아침에 일어나 중청대피소 밖으로 나가보니 금방이라도 비가 내릴 것 같은 날씨였다. 07:40 신선대에 올라가니 사진작가 6~7명이 진을 치고 있었고, 구름은 범봉 아래 천불동계곡을 덮고 있었다. 운해가 공룡능선을 덮기를 기다렸다.

구름이 서서히 동쪽에서 서쪽으로 움직이면서 범봉과 힘겨루기를 몇 번 하더니 범봉과 그 아래 자리한 희야봉 등 주변 암봉을 바다 위에 뜬 섬처럼 만들어 놓았다. "오늘로 범봉 사진은 졸업이다." 그 장면을 찍던 사진작가 한 분이 말했다. "수없이 신선대를 찾아 범봉 사진을 담았지만, 오늘 같은 작품은 없었고, 앞으로도 없을 거다."라고 덧붙였다. 범봉을 놓고 최고의 경관을 연출해 낸 구름은 더욱 힘을 얻었는지 범봉을 삼키고 나중에는 공룡능선 전체를 집어 삼켰다. 그리고는 그 상태가 지속됐다. 사진작가들이 카메라를 철수하기 시작했다. 그때 구름 속에서 1275봉이 머리를 불쑥 내밀었다, 숨었다를 반복하기 시작했다. 사진작가들이 다시 카메라를 설치했다. 1275봉을 놓고 힘겨루기를 하던 구름은 힘이 다했는지 빠른 속도로 동쪽으로 내려앉기 시작했다. 그리고 다시 범봉을 놓고 운해쇼를 벌이더니 천불동계곡으로 내려앉았다. 시계를 보니 09:30이었다.

공룡능선 운해는 동풍이 불어야 펼쳐진다. 동풍이 동해에서 해무(海霧)를 몰고 와 공룡능선을 덮는다. 이 같은 사실은 언제인가 여름휴가 때 가족과 함께 권금성에 올랐다가 설악산국립공원 직원에게서 들었다. 그때 권금성은 구름 속에 들어가 있어서 아무런 경관도 보이지 않았다. "이 구름이 언제 벗겨질까요?" 마침 그곳을 지나던 설악산국립공원 직원에게 물었더니 "오늘은 동풍이 계속 해무를 몰고 와서 어렵겠어요."라고 말했다. 여름철 지리산에 가면 해무가 남풍을 타고 몰려와 산 전체를 덮는 것과 같다. 공룡능선 운해를 즐기려면 기상청 날씨누리 웹사이트에 들어가 설악산에 동풍이 부는지 체크를 하면 행운을 잡을 수 있다.

신선대에서 보는 경관이 국립공원 제1경인 이유는 나름대로 둘로 압축할 수 있다. 하나는 공룡능선의 빼어난 아름다움이다. 공룡능선과 아름다움을 겨룰 곳은 없다고 해도 과언이 아니다. 또 하나는 신선대에서 보는 눈높이가 공룡능선에 자리한 암봉들과 비슷하기 때문이다. 신선대는 해발 1100m 정도로, 1000m에서 1300m 높이로 줄지어 선 공룡능선 암봉 높이의 중간 정도다.

눈높이는 소통의 기본이다. 소통을 하려면 상대방과 눈높이를 맞춰야 한다. 눈높이가 다르면 소통을 할 수 없다. 자연 경관도 마찬가지이다. 눈높이를 맞춰야 가장 아름다운 모습을 즐길 수 있다. 아무리 아름다운 모습도 눈높이가 너무 높으면 내려다보이기 때문에 그 빼어난 모습을 제대로 느낄 수 없다. 눈높이가 너무 낮아도 마찬가지이다.

눈높이 변화에 따라 달라지는 모습은 소청봉에서 희운각대피소로 하산을 할 때 실감할 수 있다. 눈높이가 훨씬 높은 소청봉에서 공룡능선을 바라보면 큰 삼흥이 없지만, 눈높이가 공룡능선과 같아지는 지점으로 내려가면 탄성을 지르게 한다. 소청봉에서 희운각대피소로 하산을 하는 등산객들은 눈높이가 같은 지점에서 사진을 가장 많이 담는다.

신선대에는 설악산 특산종인 산솜다리가 자라고 있다. 노란 꽃이 피며, 마치 솜털뭉치 같은 꽃받침이 인상적이다. 한때는 압화로 만들어 설악산관광기념품으로 팔 만큼 많았다고 하는데, 그 결과 대부분 사라지게 됐다.

산솜다리와 할께 볼 수 있는 꽃이 금강봄맞이이다. 천불동계곡에서도 볼 수 있는 아주 작은 흰색 꽃으로 앙증스런 모습을 하고 있다. 공룡능선 상에서 계속 볼 수 있다. 난장이붓꽃도 솜다리와 같은 시기에 볼 수 있다. 서북쪽에서 불어오는 강풍에도 살아남기 위해 보라색 꽃을 잎보다도 낮은 높이에서 피운다. 주변에서 큰앵초 군락지는 물론 고산 식물인 솔체, 솔잎을 닮은 분홍빛 솔나리를 만나는 행운도 누릴 수 있다.

3 귀때기청봉

귀때기청봉은 설악산 안에서 보든, 밖에서 보든 설악산 정상인 대청봉 못지않게 웅장하다. 귀때기청봉을 오르다보면 너덜에 경이감(驚異感)을 느끼게 되고, 정상에 서면 내설악은 물론 남설악 일부와 동해까지 즐길 수 있다. 서북능선에서 약간 서북쪽에 위치해 많은 등산객이 찾는 곳은 아니지만, 올라가면 "왜 이제야 왔지?" 하고 후회성 자문자답을 하게 되는 곳이다. 너덜 지대 전체를 덮고 있는 털진달래는 장관 중 장관이다.

"귀때기청봉은 설악산 중청봉에서 시작되어 서쪽 끝의 안산으로 이어지는 서북주릉 상에 위치한 봉우리이다. 한계령삼거리에서 대승령 방향으로 한 시간 거리에 있으며, 반대 방향은 끝청-중청봉으로 이어진다.

귀때기청봉이라는 이름은 이 봉우리가 설악산의 봉우리 가운데 가장 높다고 으스대다가 대청봉·중청봉·소청봉 삼형제에게 귀싸대기를 맞았다는 전설에서 유래됐다고도 하고, 귀가 떨어져나갈 정도로 바람이 매섭게 분다고 하는 데서 유래됐다고도 한다." -위키백과-

"서북능선은 설악 최장의 능선으로, 설악 최고봉을 향해 오르면서 설악의 전모를 둘러볼 수 있다는 점에서 다른 코스가 따라올 수 없는 매력을 지닌 코스다. 〈중략〉 안산과 대승령에서 대청봉까지 이어진 능선을 (설악산) 서북주능선이라는 이름으로 부르고 있다. 서북능선은 능선의 거리만도 18km에 9시간이 소요된다. 등정과 하산을 포함하면 13~16시간이 소요된다.

서북능선은 한가운데에 있는 한계령삼거리를 기준으로 그 동쪽의 백두대간 주능선구간과 한계령삼거리-대승령, 안산 사이 서쪽구간의 2개의 능선으로 나눌 수 있다.

귀때기청봉(1577m)은 서북능선 중간의 한계령갈림길 부근의

서쪽에 위치하고 있으며, 그 양 옆으로 '큰 귀때기골'과 '작은 귀때기골'을 거느리고 있다." -한국의 산하-

"설악산의 서북능선에 있는 봉우리로서 높이는 해발 1578m이다. 한계령삼거리에서 대승령 방향으로 한 시간 거리에 있으며, 반대 방향은 끝청-중청봉으로 이어진다. 명칭은 이 봉우리가 설악산의 봉우리 가운데 가장 높다고 으스대다가 대청봉·중청봉·소청봉 삼형제에게 귀싸대기를 맞았다는 전설에서 붙여진 것이라고도 하고, 귀가 떨어져나갈 정도로 바람이 매섭게 분다 하여 붙여진 것이라고도 한다." -두산백과-

"설악산은 주봉인 대청봉을 비롯하여 소청봉, 중청봉, 화채봉 등 30여개의 높은 산봉우리가 웅장하게 펼쳐져 있다."

-설악산국립공원 웹사이트-

귀때기청봉을 소개하는 글을 보면 대청봉에 견줄 만큼 웅장하지만 대접을 제대로 받지 못하고 있다. 설악산 서북쪽 귀퉁이에 자리하고 있는 봉우리 정도로 소개되고 있다. 설악산국립공원은 귀때기청봉을 30여개 봉우리 가운데 하나로 설명하고 있다. 귀때기청봉 높이를 한국의 산하는 1577m, 두산백과와 위키백과는 1578m로 소개하고 있는데, 설악산 국립공원은 1578m로 표기하고 있다.

두산백과나 위키백과에 소개된 것처럼 귀때기청봉은 이름에 얽힌 전설이 많다. 귀싸대기에 관한 전설은 더 있다. 산신령이 설악산을 만드느라고 전국의 높은 산봉우리를 불러 모으다가 대청, 중청, 소청에 이어 끝청에서 마감을 했다고 한다. 마지막에 온 봉우리가 끝청이라는 얘기다. 그런데 뒤늦게 온 덩치 큰 녀석이 끝청 뒤에서 얼쩡거리다가 산신령에게 귀싸대기를 맞았다는 전설도 있다. 그때 귀때기청이 싸대기를 맞는 것을 뒤에서 본 안산은 "나는 아니다."고 해서 안산이 됐다고도 한다.

어원적 측면에서 귀때기청봉의 유래를 들은 적도 있다. 강원도에서는 귀퉁이를 '귀뙤기'라고 불렀다고 한다. 북한에서 귀퉁이에 있는 작은 밭을 '뙤기밭'이라고 부르는 것과 비슷한 말이다. 귀때기청봉은 설악산 귀퉁이에 있어서 귀뙤기청봉으로 불리다가 순화 과정을 거쳐 귀때기청봉이 됐다고 추론도 한다.

설악산 봉우리 이름을 보다 보면 쏠쏠한 재미와 궁금증이 샘솟는다. 엄연한 설악산인데도 별도의 산으로 대우를 받는 안산이 그렇다. 귀때기청봉이 산신령에게 귀싸대기를 맞는 걸 보고 족보를 새로 만들었기 때문일까? 귀때기청봉 남쪽에 우뚝 솟은 가리봉은 남설악과도, 내설악과도 거리를 두고 있지만 산 이름을 달지 못하고 있다.

귀때기청봉은 높이 면에서는 대청봉, 중청봉, 끝청보다 낮다. 하지만 규모면에서는 대청봉 못지않은 웅장함을 자랑한다. 대청봉에서 서북능선을 바라보면 귀때기청봉이 단연 압권이다. 중청봉에서 소청봉으로 하산하는 길에 보더라도 귀때기청봉이 시야를 압도하고, 공룡능선 산행을 하면서 서북능선을 바라봐도 귀때기청봉은 웅장미를 자랑한다. 오대산에서, 계방산에서 설악산을 바라볼 때도 귀때기청봉은 설악산 서북능선을 대표하는 봉우리로 다가온다.

그곳에서 일망무제를 즐기려면 한계령휴게소에서 출발하는 코스가 가장 가깝다. 귀때기청봉 너덜은 도무지 믿어지지 않을 정도로 놀랍다. 자연에 경외감(敬畏感)을 느끼게 한다. 귀때기청봉 남쪽 사면은 온통 너덜 지대이다. 등산로를 따라 너덜 지대에 도착하면 "누가 이렇게 많은 돌덩어리와 바위를 가져다 놓았을까?" 하는 궁금증이 절로 생긴다.

정상에 서면 사방팔방으로 뻥 뚫린 시야가 펼쳐진다. 동쪽으로는 한계령삼거리, 끝청, 중청, 대청으로 이어지는 백두대간 마루금이 다가온다. 중청봉 왼쪽으로 소청봉이 자리해 대청, 중청, 소청 삼형제를 만날 수 있다. 소청봉에서 왼쪽으로는 공룡능선이, 소청봉 뒤로는 공룡능선, 황철봉, 향로봉을 거쳐 금강산으로 이어지는 능선이 줄을 잇는다. 소청봉과 공룡능선 사이로 화채봉도 머리를 내밀고 반겨준다. 이 같은 모습은 너덜 구간에 진입하면서부터 펼쳐진다.

귀때기청봉에서 보는 내설악은 공룡능선이 감싸고 있는 모습으로 다가온다. 일출을 보고 한계령 쪽으로 하산을 하노라면, 아침 햇살이 내설악에 떨어지면서 수많은 봉우리와 능선은 꿈속에서도 상상할 수 없는 환상적인 장면을 연출한다. 남쪽으로는 대청봉에서 보는 모습 못지않게 점봉산, 방태산, 오대산, 계방산이 만들어 놓은 산그리메가 펼쳐지고, 운이 좋으면 동해에서 밀려와 한계령과 필례고개를 넘는 운해를 볼 수 있다. 서쪽으로는 대승령을 거쳐 안산에서 끝나는 서북능선이 장쾌하게 다가오고, 가리봉이 바로 앞에서 위용을 뽐낸다.

5월 중순 귀때기청봉은 털진달래로 남사면을 온통 붉게 물들인다. 더널 사이사이에 뿌리를 내린 털진달래는 강한 바람에서 살아남기 위해 키도 작고 꽃잎도 작다. 2019년 5월 18일 귀때기청봉 일출 산행을 하면서 털진달래를 즐겼다. 그때는 날씨가 흐려서 일출을 보지는 못했지만, 털진달래가 핀 모습은 장관 중 장관이었다. 귀때기청봉 털진달래는 한계령삼거리로 하산을 하든지, 대승령 쪽으로 하산을 하든지 장관 중 장관이다.

4 나한봉

국내 산봉우리 가운데는 불교에서 유래된 이름이 많다. 지리산 제석봉, 오대산과 치악산 정상인 비로봉 등이 대표적이다. 삼각산(북한산)에는 고승 이름을 딴 원효봉과 의상봉을 비롯해 의상능선에 나한봉이 있다.

설악산은 다르다. 봉우리에 청(靑)자가 많이 붙어 있다. 청봉 이외에 대표적인 봉우리인 화채봉, 황철봉, 공룡능선 신선봉도 불교와 관련 없는 이름인데, 공룡능선에 불교에서 유래된 봉우리가 하나 있다. 바로 나한봉(羅漢峰)이다.

"설악산국립공원 외설악 지구의 공룡능선에 있는 해발 1298m의 봉우리이다. 공룡능선 상의 마등령과 1275봉 사이에 있으며, 명칭은 불교의 수호신인 나한(癩漢)에서 유래하였다. 〈중략〉소청봉 근처의 봉정암(鳳頂庵)을 둘러싸고 있는 여러 봉우리 중에도 나한봉이 있다." -두산백과-

공룡능선은 수려하고 화려하고 웅장하기 이를 데 없다. 공룡능선 산행이 힘들고 힘들어도 찾고 또 찾는 이유는 그곳을 넘었다는 성취감이나 자긍심과 함께 계절별로, 그리고 시시각각으로 변하는 공룡능선의 아름다움을 느끼고 싶어서이기도 하다. 하늘이 파랗다가도 어느새 동해에서 구름이 몰려와 공룡능선을 놓고 운해쇼를 벌이기도 한다. 그렇다고 공룡능선은 가고 싶을 때마다 갈 수 있는 곳은 아니다. 설악산 공룡능선을 넘으려면 산봉우리를 여섯 개나 넘어야 한다. 산행을 하면서 봉우리를 세는 것은 거의 불가능하다. 블로그에 소개된 공룡능선 산행기를 보면 "공룡능선 산행을 하면서 봉우리 숫자를 세다가 중간에 너무 힘들어서 포기했다."는 내용을 종종 읽을 수 있다. 설악산 등산 코스 가운데 최고의 난이도를 자랑하는데다 20km 안팎에 달하는 산행 거리 때문에 체력적으로나 시간상으로 엄청난 부담을 감내하지 않으면 갈 수 없는 곳이다.

공룡능선 제1경은 신선대에서 보는 경관이다. 이곳에서 보는 경관은 국립공원 제1경이다(자세한 내용은 '3부 3 공룡능선 신선대' 편을 참조하면 된다). 나한봉은 신선대와 마찬가지로 공룡능선을 넘지 않고도 공룡능선의 절경을 즐길 수 있는 명소이다. 신선대 반대편에 자리해 전혀 다른 모습의 공룡능선과 내설악을 즐길 수 있다. 신선대에 오르는 것도 쉽지 않지만, 나한봉에 오르는 것도 만만치 않다. 나한봉은 백담사나 설악동 소공원에서 산행을 시작해 네다섯 시간을 투자해야만 오를 수 있다. 그래도 공룡능선을 넘는 것보다는 쉽고, 당일 산행으로 공룡능선의 경관을 즐길 수 있는 곳이다. 시간상이나 체력적으로 여유가 없을 때 공룡능선을 눈으로나마 즐기고 싶으면 신선대나 나한봉을 자주 찾는다.

나한봉에 서면 금방이라도 날갯짓을 할 것 같은 큰새봉이 압권이다. 그 뒤로 대청, 중청, 소청 삼형제가 자리하고 있다. 장관 중 장관이다. 큰새봉 왼쪽으로는 공룡능선 중심인 1275봉, 그 뒤로 신선봉이 멀리 보인다. 나한봉에서 바라보는 공룡능선은 마치 칼등처럼 날카롭다. 신선봉 뒤로는 대청봉에서 동해 쪽으로 흘러내린 화채능선이 자리한다. 마치 삼각김밥 모양을 한 화채봉을 품을 화채능선은 외설악을 감싸 안은 것처럼 다가온다. 대청봉 오른쪽으로는 중청봉, 끝청, 귀때기청봉, 안산으로 이어지는 서북능선이 펼쳐진다. 한계령휴게소에서 서북능선을 거쳐 공룡능선을 넘은 등산객들은 나한봉에서 서서 자신들이 걸어온 능선을 되새김하는 곳이기도 하다. 서북능선 앞으로는 용아장성을 중심으로 한 내설악 비경이 펼쳐진다. 봄철 나뭇잎이 나오기 시작할 즈음 나한봉에서 내려다보이는 가야동계곡은 마치 연둣빛 양탄자를 깔아놓은 듯하다. 그곳으로 뛰어내려도 푹신할 것만 같다. 아쉬운 점은 신선대와 달리 나한봉은 편하게 앉아 쉬면서 조망을 즐길 만한 공간이 없다는 점이다.

나한봉에서 큰새봉 방향으로 넉넉하게 10분 정도 더 내려가면 와이어 로프를 잡아야만 오르내릴 수 있는 협곡인 공룡능선 최고의 난코스가 나온다. 와이어 로프 직전 오른쪽에 바위가 있는데 그곳에 올라 바라보는 경관도 장관 중 장관이다. 나한봉에서 보는 그림과 별반 다른 게 없는 것 같지만, 눈높이에 따라 달라지는 경관을 즐길 수 있다. 공룡능선에는 산솜다리가 자라고 있다. 와이어 로프가 설치된 협곡 직전 왼쪽 암벽에서 산솜다리를 만날 수 있다. 인근에 설악산 특산종인 설악조팝나무도 군락을 이룬다. 7월 중순에는 신선대-나한봉 구간에서 분홍빛 꽃을 피운 솔나리를 만나는 행운도 누릴 수 있다.

4부

꽃

2018년 7월 22일 아침 대청봉에서 공룡능선을 배경으로 담은 바람꽃.

인연이라는 게 참 묘하다.
설악산을 찾으면서 야생화를
알게 됐고, 야생화를
담으려고 다시 대청봉을
오르게 됐다. 공룡능선을
넘다 보면 야생화 천국을
만나게 된다. 그곳에서 꽃
사진을 찍다 보면 겸손을
몸으로 체험하게 된다.
소통을 잘하려면 먼저
눈높이를 맞춰야 한다는
사실을 다시금 깨우치고,
저절로 힐링도 하게 된다.

● 공룡능선 솔나리. 잎이 솔잎을 닮아서 솔나리라는 이름을 얻게 됐다. ●● 공룡능선 등산로에 자리한 큰 구슬붕이 ●●● 설악산 특산종인 설악조팝나무. ●●●● 설악산 특산종인 산솜다리. ●●●●● 공룡능선에 많이 자생하는 큰앵초.

● 인가목. 소청봉 근처에 많이 핀다.

●● 난장이붓꽃. 설악산에서만 볼 수 있다.

● 공룡능선을 배경으로 신선대에 핀 산오이풀. ●● 함박꽃나무. 오세암-마등령-비선대 구간에 지천으로 핀다. ●●●동자꽃, 색이 유난히 짙다. ●●●● 노루오줌.

1 인연은 인연을 낳고

설악은 야생화 세상으로 안내를 해줬고, 꽃은 다시 설악산으로 발길을 이끌고 있다.

2016년 봄부터 야생화 사진을 담기 시작했다. 설악산을 다니며 콤팩트 카메라나 스마트폰으로 담은 사진을 산행기와 함께 블로그에 올린 게 인연이 됐다. 꽃 이름을 알기 위해 같은 날 설악산을 찾은 분들의 블로그를 탐색해 꽃 이름도 하나하나씩 알게 됐고, 야생화와 더욱 친근해졌다. 그러는 사이 블로그로 대변되던 SNS(소셜 네트워크 서비스)가 페이스북 등으로 확산되기 시작했고, 페이스북 계정도 개설했다. 설악산 산행에서 담은 야생화나 풍경 사진을 페이스북에 올리다 보니, 그것이 계기가 되어 어느 분이 페이스북에 있는 야생화 그룹으로 안내를 해 주었다.

그게 인연이 돼 2018년 7월 21일에는 야생화를 찾아 서북능선을 걸어 저녁에 대청봉에 올랐다. 이튿날인 22일 아침에도 다시 대청봉에 올랐다. 군락을 지어 피는 바람꽃을 보고 싶고, 공룡능선을 배경으로 바람꽃을 담아 보고 싶었기 때문이었다. 서북능선 숲속 길을 걸어도 숨이 막히는 한여름 폭염은 문제가 되지 않았다.

2015년 5월 봄철 산불방지기간이 끝난 첫 주말 공룡능선 산행을 하면서 산솜다리에 반하게 됐다. 다음해부터는 3년 연속 산솜다리를 보기 위해 공룡능선을 넘었다. 2018년 3월 1일에는 눈속에 핀 변산바람꽃을 보려고 설악동지구를 찾았지만, 일주일 정도 일찍 찾은 데다 폭설까지 내려 볼 수 없었다. 2019년에는 공룡능선 산솜다리 대신 귀때기청봉 털진달래를 보기 위해 무박산행도 했다. 야생화가 설악산 품속 곳곳으로 나를 다시 안내하고 있다.

2 나를 낮춰야 돋보이는 야생화

야생화 사진을 찍으려면 꽃과 눈높이를 맞추는 게 우선이다. 눈높이를 꽃보다 더 낮추면 더욱 좋다. 키가 작은 야생화와 눈높이를 맞춰 사진을 찍으면 배경이 살아나 입체감을 느끼게 한다. 사람 눈높이에서 그냥 찍으면 배경이 없어 밋밋한 사진이 되고 만다. 야생화와 눈높이를 맞추기 위해서는 먼저 무릎을 꿇지 않으면 안 된다. 봄에 피는 야생화는 꽃대가 짧은 건 3cm도 안 된다. 이런 꽃을 담으려면 꽃 앞에 납작 엎드려야만 꽃과 눈높이를 맞출 수 있다. 야생화를 담는 사람들은 "무릎을 꿇고 꽃에게 인사부터 먼저 한다."는 표현을 쓴다. 꽃과 눈맞춤을 하면서 무언의 대화를 나누고, 소위 '얼짱 각도'를 찾아내야만 그 꽃을 아름답게 담아낼 수 있다. 나를 무한정 낮춰야 눈높이가 같아져 피사체를 예쁘게 담아낼 수 있다. 그래서 야생화를, 특히 봄의 전령사인 봄꽃을 담는 과정은 겸손이고, 꽃과의 눈맞춤이며, 꽃과의 대화이고, 꽃을 공대하는 거라고 말한다. 사진은

빛을 이용해 피사체를 아름답게 담아내는 작업이다. 야생화를 담으려면 먼저 나를 낮춰야 한다.

봄꽃을 담으려면 이것만으로도 안 된다. 배려심이 필요하다. 담으려고 하는 꽃 주변에는 땅에서 낙엽 사이로 꽃대를 내밀었지만 작아서 보이지 않는 개체도 있고, 땅속에서 꽃대를 내밀려고 하는 식물도 많다. 먼저 핀 꽃을 담는다고 주변을 살피지 않고 밟게 되면, 늦게 나오는 꽃은 피해를 입을 수밖에 없다. 야생화 자생지가 갈수록 훼손되고 있는데, 그 이유는 무분별한 채취 때문이기도 하고, 꽃 사진을 담는 사람들의 몰상식한 행위도 한몫을 한다. 주변을 헤아리는 자세는 야생화 사진을 담는 데 있어 기본 중 기본이다.

사회 생활이나 비즈니스를 하다 보면 상대방을 높여 줘야 하는 경우가 종종 있다. 상대방을 높여 주려면 나를 낮춰야 한다. 나를 낮추지 않고 상대방을 높일 수는 없다. 나를 낮춰 꽃을 아름다운 사진으로 담아내면 꽃이 높아지는 게 아니다. 그 꽃을 담은 자신이 인정을 받게 된다. 여기에다 상대방은 물론 주변도 헤아릴 줄 아는 배려심이 있어야 한다. 야생화 사진을 담으면서 터득하고, 실행해야 하는 이치이다.

설악산 바람꽃을 담으려면 여기에 한 가지를 더해야 한다. 한여름 무더위에 땀을 몇 바가지(?) 흘리는 혹독한 과정까지 거쳐야 한다. 2018년 7월 21일 한계령에서 대청봉으로 가는 길은 무더위와의 싸움이었다. 저녁에 대청봉에 올라 사진을 담을 만한 바람꽃을 탐색하고, 지천인 산오이풀도 담았다. 석양에 물든 금강산도 즐겼다. 이날 금강산은 코앞에 자리한 것처럼 보였다. 중청대피소에서 '자연 에어컨'으로 시원한 밤을 보낸 후 이튿날인 7월 22일 대청봉에 다시 올라 여명의 금강산과 설악산 서북능선, 남쪽으로 자리한 무수한 산그리메를 즐겼다. 그리고 공룡능선을 배경으로 바람꽃을 담았다. 그날 공룡능선을 넘은 후, 14:00 오세암에서 늦은 점심 공양을 하며 온도계를 보니 34℃를 가리키고 있었다. 공룡능선 바위 위를 걸을 때는 한증막 같은 열기가 올라와 얼굴이 화끈거렸다. 그 더위에 공룡능선을 넘은 건 분홍빛 솔나리를 보고 싶어서였다. 7월 중하순 공룡능선에는 분홍빛 솔나리가 많이 핀다.

인연이라는 게 참 묘하다. 설악산을 찾으면서 야생화를 알게 됐고, 야생화를 담으려고 다시 대청봉을 오르게 됐다. 공룡능선을 넘다 보면 야생화 천국을 만나게 된다. 그곳에서 꽃 사진을 찍다 보면 겸손을 몸으로 체험하게 된다. 소통을 잘하려면 먼저 눈높이를 맞춰야 한다는 사실을 다시금 깨우치고, 저절로 힐링도 하게 된다.

3 설악에서 만나는 야생화

"설악산국립공원은 우리나라 중앙부에 위치하고 있으며, 시베리아 아구(亞區)와 중국 아구의 동식물이 교차되는 지역으로서, 지

리적으로 시베리아 아구의 바로 남쪽에 위치하고 있으며, 지형 상 북한의 고지대와 연접하는 태백산맥 북쪽에 위치한 높은 지대이기에 시베리아 아구의 동물들이 남하하여 서식하고 있다.

설악산은 천연보호구역, 국립공원, 생물권보전지역으로 지정된 우리나라 식물 자원의 보고이며, 온대 중부의 대표적인 삼림지대이다. 이 지역은 낙엽활엽수와 상록침엽수의 혼효림으로 이루어져 있지만 부분적으로 단순림을 형성한 곳도 있다. 식물 분포로는 북방계 식물(눈잣나무 등)의 남한지대인 동시에 남방계 식물(때죽나무 등)의 북한지대로서 그 중요성이 있다.

또한 설악산 일대는 세계적으로 희귀한 자연 자원의 분포 서식지로 1982년 유네스코(UNESCO)에 의해 우리나라 최초로 생물권 보전지역으로 지정되었으며, 2005년 12월 IUCN(세계자연보전연맹)으로부터 카테고리Ⅱ(국립공원)로 지정되었다." -설악산국립공원-

아구(亞區)는 지리 용어로, 동식물 구분계의 지리학상 구역을 말한다.

"(설악산은) 경관이 빼어나고 그곳에 깃들어 사는 동식물이 풍부해 1965년 천연기념물 제171호 천연보호구역으로 지정된 이래, 1970년에는 제5호 국립공원, 1982년에는 유네스코에 의해 우리나라 최초의 생물권보전지구로 지정되었다.

경관이 빼어난 만큼 그곳에 사는 식물도 특별하다. 설악산에 살고 있는 식물은 950여 종류로 알려져 있다. 이것은 우리나라에 자라는 4000여 가지 식물 가운데 25%쯤에 해당하는 것으로서 1800여 가지 식물이 자라는 제주도 한라산이나 1500여 종류의 지리산에는 못 미치는 수준이고, 오대산이나 치악산과 비슷한 숫자이다. 하지만 희귀 식물의 숫자로 말한다면 설악산은 한라산에 버금가는 중요성을 지니고 있다고 할 수 있다. 설악산에 그만큼 귀중한 식물이 많이 자라고 있다는 것인데 그 원인은 여러 가지이다.

첫째, 북한에서 자라는 식물이 설악산까지 내려와 자라는 것이 많기 때문이다. 이러한 북방계 식물(北方系 植物)들은 백두산, 금강산 등 북한 지방에 주로 자라는 식물들로서 남한에서는 오직 설악산에서만 볼 수 있는 것들이다. 설악산이 비교적 북쪽에 자리 잡고 있고 높이가 높으며, 또 백두대간이 식물의 이동 통로 구실을 해 줌으로써 많은 북방계 식물이 설악산에서도 자라고 있는 것으로 해석할 수 있다. 이런 식물로는 눈잣나무, 흰장구채, 숲개별꽃, 바람꽃, 흰인가목, 장백제비꽃, 홍월귤, 금강봄맞이, 만주송이풀, 봉래꼬리풀, 난장이붓꽃 등을 꼽을 수 있으며, 설악산은 이들 분포의 남방한계선이 되는 셈이다.

설악산에 희귀 식물이 많은 두 번째 이유는 높은 바위 봉우리와 능선이 희귀한 고산 식물들이 자라기에 알맞은 자연 조건을 형성하고 있다는 점이다. 대청봉 일대를 비롯해서 북주릉·서북릉·화채릉·서릉 등이 높은 능선을 이루고 있으며, 더욱이 이들 능선에는 바위가 드러난 곳이 많고 어떤 곳은 고산 풀밭을 형성하기도 하는데 이런 곳에 많은 고산 식물이 자라고 있다. 설악산에는 고산 식물 80여 가지가 분포하는 것으로 확인되었는데, 눈향나무, 사스래나무, 참바위취, 산오이풀, 들쭉나무, 월귤, 만병초, 기생꽃, 등대시호, 구름송이풀, 댕댕이나무, 배암나무, 땃두릅나무, 분홍바늘꽃, 두메잔대, 솔체꽃, 다북떡쑥, 산솜다리, 자주솜대, 금강애기나리 등이 설악산을 대표하는 고산 식물이라 할 수 있다.

설악산 식물의 중요성은 세계적으로 우리나라에만 자라는 특산 식물(特産植物)이 많다는 데서도 찾을 수 있다. 우리나라 특산 식물은 407가지로 알려져 있는데 설악산에는 이 가운데 65가지가 자라고 있다. 또 우리나라 안에서도 설악산에만 자라는 설악산 특산 식물도 15가지나 되는 것으로 알려져 있다. 설악산의 한국 특산 식물 숫자는 한라산의 75가지에 다음 가는 것으로, 설악산보다 덩치가 큰 지리산의 42가지보다 많다. 설악산에 자라는 한국 특산 식물 중 몇몇을 꼽아 보면 금강소나무, 설악눈주목, 매화말발도리, 모데미풀, 갈퀴현호색, 금강제비꽃, 터리풀, 노랑갈퀴, 산앵도나무, 금강봄맞이, 참배암차즈기, 만리화, 털댕강나무, 금마타리, 금강초롱꽃, 정영엉겅퀴 등이다. 이들 한국 특산 식물은 세계적으로 가치 있는 식물 자원일 뿐 아니라 우리나라에서도 희귀한 것들이 대부분이므로 적극적으로 보호하지 않으면

사라질 위험이 크다고 할 수 있다.” *-백두대간 설악산의 북방계 고산 식물들, 현진오 동북아식물연구소 박사, 아름다운 우리자연, 2006 JANUARY-*

설악산국립공원은 위 내용 중 '설악산에 살고 있는 식물은 950여 종류로 알려져 있다.' 와 관련해 2019년 기본통계 상 1300여 종이 살고 있다고 밝혔다.

“설악산 일원의 생물상은 기후와 특성에 따라 내설악과 외설악이 각기 다른 생태계를 이루고 있다. 내설악은 내륙성 기후로 완만한 경사와 두터운 토양층으로 이뤄져 숲이 무성하고 동물의 서식이 풍부한 반면 외설악은 해양성 기후로 지세가 급경사를 이루고 탐방객의 발길이 잦아 동물의 서식이 적은 편이다. 산양이나 반달가슴곰 등 천연기념물을 비롯해 희귀 동식물이 서식한다.

설악산 천연보호구역은 강원도의 인제군, 양양군, 속초시에 걸쳐 넓게 펼쳐져 있다. 1965년 11월 5일 대한민국의 천연기념물 제171호로 지정되었다.

천연보호구역 내의 식물은 약 1013종이 분포하는 것으로 알려져 있다. 주로 신갈나무, 당단풍나무, 졸참나무, 서어나무 등 활엽수림과 소나무, 잣나무, 분비나무 등 침엽수림이 섞여 숲을 이룬다. 그 밖에 금강배나무, 금강봄맞이, 금강소나무, 등대시호, 만리화, 눈설악주목, 설악아구장나무, 설악금강초롱, 솜다리 등 특산물 65종, 눈측백, 노랑만병초, 난장이붓꽃, 난사초, 한계령

풀 등 희귀식물 56종이 보고되고 있다.” -위키백과-

설악아구장나무 정식 이름은 설악조팝나무이다.

야생화 천국… 희귀 식물 보고

설악산은 야생화 보고(寶庫)이고, 야생화 천국이다. 이른 봄부터 단풍이 들 때까지 수없이 많은 야생화를 만나고, 즐길 수 있다.

우리나라에서 봄소식을 가장 먼저 전하는 꽃은 복수초이다. 동해시에서는 12월에 복수초가 피기도 한다. 서울 홍릉숲 복수초도 빠를 때는 1월 초순에 꽃망울을 펼친 때도 있다. 양양 낙산사 복수초도 2월 초순에 꽃잎을 열면서 봄소식을 전한다.

설악산 야생화는 변산바람꽃이 3월 초순이나 중순 사이에 신흥사 경내에서 봄소식을 전해주는 전령 역할을 한다. 이어서 노루귀가 활짝 웃는 모습으로 언 땅을 비집고 꽃대를 올려 꽃망울을 터트린다. 등산로에서는 봄철 산불방지기간이 끝난 후부터 야생화를 즐길 수 있다. 그 전에는 봄철 산불방지기간에도 출입이 가능한 설악산 소공원에서 금강굴, 비룡폭포, 울산바위를 가는 구간과 남설악 주전골 구간에서 야생화를 즐길 수 있다.

등산로에서 처음 만난 봄꽃은 꽃말이 ‘바람난 여인’인 얼레지였다. 2010년 5월 15일 내승령에서 군락을 지어 흐드러지게 핀 얼레지를 수없이 만났다. 대승령 얼레지는 꽃 색깔이 참으로 붉고도 맑다. 정상적이면 얼레지 꽃이 져야 하는 시기였지만 그 해는 늦추위가 심해

철이 10일에서 2주 정도 늦어진 덕을 봤다.

대청봉에서 만나는 야생화

대청봉은 설악산 정상에 만족하지 않는다. 계절별로 진귀한 야생화가 만발하는 천상 화원이다. 봄철 산불방지기간이 끝난 후 중청봉에서 대청봉을 오르다보면 군락을 지어 피는 털진달래를 만날 수 있다. 정상에서 내려다보면 털진달래가 붉은 카펫을 깔아놓은 것처럼 다가온다. 꽃을 거의 땅속에 박고 있는 세뿔족도리풀, 잎이 동그랗게 말린 금강제비꽃, 얼레지도 꽃을 피운다.

6월 대청봉 정상에는 범꼬리가 흐드러지게 핀다. 희귀종인 만주송이풀을 비롯해 병꽃나무도 꽃을 피운다. 만주송이풀은 대청봉에서 중청봉을 거쳐 소청봉 구간에 서식한다. 참기생꽃도 몇몇 개체를 대청봉에서 목격하는 행운을 누릴 수 있다. 사계절 자리를 지키는 눈잣나무도 융단을 깔아놓은 것 같다. 눈잣나무의 '눈'은 '누운'이라는 의미이다. 설악산에 지천으로 피는 금마타리를 대청봉에서도 볼 수 있으며, 대청봉과 가까운 소청봉 정상 주변에서는 흰인가목이 흐드러지게 핀 모습에 감탄사를 쏟아내게 된다. 여름 꽃인 바람꽃도 성급한 개체는 하얀 꽃잎에 노란 꽃술을 열기 시작한다.

장마철인 7월에는 대청봉의 상징인 바람꽃이 군락을 지어 흐드러지게 피어 장관을 이룬다. 잎을 두드리면 오이 냄새가 나는 산오이풀, 꽃잎은 아주 작지만 꽃잎에 청화백자 문양을 품고 있는 네귀쓴풀은 등산로 가장자리에 피어 있다. 아쉬운 점은 중청봉에서 대청봉으로 향하면서 만나게 되는 데크 길 좌우가 네귀쓴풀 군락지였다는 점이다. 데크 길이 놓인 후 네귀쓴풀이 어떻게 됐는지는 알 수 없다. 초롱꽃의 대명사인 금강초롱이 대청봉 등산로와 가장자리에 자리하고, 가는다리장구채와 두메잔대도 피어나기 시작한다. 7월 중하순이면 가을 전령사인 참바위취, 두메잔대, 산오이풀, 금강초롱, 가는다리장구채, 네귀쓴풀 등이 흐드러지게 핀 모습을 보여 준다. 바위 아래 자리한 참바위취는 가만히 들여다보고 있자면 마치 하늘에서 별이 쏟아지는 듯하다. 등대시호는 중청봉 자락에서 피어난다.

8월에는 구절초가 가을꽃의 대미를 장식하기 시작한다. 가을꽃으로 7월 하순부터 눈에 뜨이기 시작하는 참바위취, 두메잔대, 산오이풀, 금강초롱, 가는다리장구채, 네귀쓴풀은 8월에도 계속 자리를 지키고 있다. 구절초가 가을을 지키는 대청봉은 9월 하순이면 울긋불긋한 단풍으로 옷을 갈아입는다.

서북능선에서 만나는 야생화

봄철 산불방지기간이 끝난 직후인 5월 중하순 서북능선에서 만날 수 있는 대표적인 야생화는 귀때청봉의 털진달래이다. 귀때기청봉은 남사면의 광활한 너덜이 경이감으로 다가오는데, 거기에다 너덜을 온통 붉게 물들이는 털진달래는 장관 중 장관이다. 잎에 털이 난 털진달래는 봄꽃으로 산불방지기간 중에도 피기 때문에 만나지 못하는 경우도 허다하다. 귀때기청봉 너덜 구간에는 청괴불나무도 꽃을 흐드러지게 피우는데, 화려한 털진달래에 가려 눈길이 잘 가지 않는다.

한계령에서 1km 지점에 두루미꽃이 군락을 지어 피며, 한계령삼거리까지 가면서 두루미꽃, 얼레지, 회리바람꽃, 벌깨덩굴을 만날 수 있다. 한계령삼거리 근처에서 금강애기나리도 조우할 수 있다. 금강애기나리는 공룡능선, 함백산 만항재, 지리산 연하선경길 등 고산 지대에서 만날 수 있다. 시닥나무는 한계령에서 조금만 올라가면 보이기 시작해 한계령삼거리까지 가는 동안 만날 수 있다.

6월에는 엄청나게 많은 종류의 꽃들이 서북능선에서 꽃 잔치를 벌인다. 한계령에서 등산로로 접어들면 곧바로 금마타리가 반겨주고, 함박꽃나무도 고혹적인 흰색에 수술이 너무나도 아름다운 모습으로 다가온다. 잎이 변색된 것 같은 개다래나무도 꽃을 피운다. 5월에 피는 두루미꽃도 그대로 있다.

한계령삼거리에서 대청봉 쪽으로 조금 이동하다 보면 큰앵초 군락도 만날 수 있다. 귀때기청봉 오름길에는 나뭇가지에 가시가 송송한 인가목을 비롯해 매발톱나무, 5~6월에는 하얀 꽃을 보여 주고 가을에는 빨간 열매를 달고 있는 마가목 군락도 만날 수 있다. 귀때기청봉 마가목은 꽃보다 빨간 열매가 더 볼 만하다. 울릉도에서 삼나물로 유명한 눈개승마와 독초인 박새는 서북능선 상에 즐비하다. 비슷비슷해 구별이 쉽지 않은 요강나물과 세잎종덩굴도 곳곳에 자리하고 있다.

반대편인 한계령삼거리-대승령 구간에서는 인가목, 요강나물, 풀솜대, 백당나무, 눈개승마, 자주솜대, 두루미꽃을 만날 수 있다.

7월로 접어들면 터리풀이 곳곳에 피어나고, 박새는 5월과 6월에 엄청난 속도로 자라 하얀 꽃으로 화려한 대미를 장식하고 잎이 마르기 시작을 한다. 참조팝나무와 둥근이질풀이 본격적으로 가세를 한다. 여기에다 키가 껑충한 산꿩의다리가 흰색 꽃을, 잎으로는 눈개승마와 선뜻 구별이 어려운 노루오줌이 보랏빛 꽃을 피우고, 말나리도 가세를 한다.

동자꽃은 그 어느 지역보다 짙은 주황색으로 피어난다. 꽃잎이 물레 돌아가는 모양을 한 물레나물도 짧은 기간 외모를 자랑한다. 말나리와 도라지모시대는 서북능선에 지천으로 피어난다. 끝청 부근에는 새며느리밥풀이 검붉은 모습으로 피어나고, 둥근이질풀, 산이질풀, 산오이풀이 등장을 한다. 중청 진객으로 희귀종인 등대시호도 오묘한 자태를 뽐낸다. 등대시호는 꽃도 아름답지만 열매를 맺은 모습이 더 오묘하다. 꽃보다 열매가 더 아름다운 미역줄나무도 서북능선을 장식한다.

8월이면 도라지인지 잔대인지 구별이 어려운 도라지모시대, 새 며느리의 한이 서린 새며느리밥풀을 비롯해 말나리, 끝청부터 흐드러지게 피어나는 둥근이질풀, 산이질풀, 송이풀이 장식을 한다. 대청봉에서 꽃봉오리를 터트린 금강초롱은 서북능선 곳곳에 자리하며 등산객을 맞이하고, 오리 모양 같기도 하고 백조 모양 같기도 한 진범이 덩굴에 대롱대롱 매달려 유혹을 한다. 진범은 한계령삼거리-중청봉 구간에서는 흰 꽃으로, 귀때기청봉-대승령 구간에서는 보랏빛 꽃으로 다가온다.

바위에 둥지를 튼 바위떡풀은 조그만 바람에도 몸을 흔들며 매력덩어리이다. 로마 검투사 모양을 한 투구꽃이 짙은 남색으로 피어나고, 과남풀도 가을 소식을 전한다. 가을 진객인 구절초와 개쑥부쟁이도 중청봉 자락에서 하얀 모습으로 반긴다. 귀때기청봉 정상은 개쑥부쟁이가 차지하고 있다. 노란색으로, 언뜻 보면 곰취 꽃 같기도 한 미역취 꽃도 핀다. 끝청 오르막길 직전에 보이는 촛대승마는 꽃송이가 마치 촛대 같은 모양이다.

9월이면 꽃 시즌도 마감을 하는데 금강초롱, 산오이풀, 투구꽃, 구절초, 둥근이질풀 몇 송이를 볼 수 있을 정도가 된다.

서북능선 중 귀때기청봉-대승령 구간에서는 5월에 귀하고 귀한 산솜다리와 참기생꽃을 비롯해 철쭉, 큰앵초, 연영초, 나도옥잠화, 얼레지, 귀룽나무를 볼 수 있다. 7월에는 바람꽃 군락과 지천으로 핀 동자꽃 향연을 즐길 수 있다. 어쩌다 왜솜다리도 보인다. 8월에는 바람꽃, 왜솜다리, 동자꽃, 보랏빛 솔체, 흐드러지게 핀 눈빛승마, 흰색에 가까운 금강초롱, 가는다리장구채, 진범, 개쑥부쟁이, 구절초, 투구꽃, 멸가치도 반겨준다.

공룡능선에서 만나는 야생화

공룡능선은 5월 중하순부터 6월 사이 희귀한 야생화 천국으로 변모를 한다. 대표적인 꽃은 설악산 특산종인 산솜다리이다. 신선대, 천화대암릉, 1275봉, 나한봉 근처에 자생을 한다. 아름답기는 1275봉에 서식하는 산솜다리가 튼실하고 으뜸이다.

5월 중하순 신선대에 오르면 산솜다리와 난장이붓꽃이 반겨준다. 신선대에서 1275봉 쪽으로 조금 내려가다 보면 큰앵초가 군락을 지어 반긴다. 큰앵초는 큰새봉 오르기 직전과 마등령삼거리 인근에도 군락을 지어 자생한다. 돌단풍은 등산로 좌우에 자리한 바위에 둥지를 틀고 핀다. 금강산과 설악산에 자생하는 금강봄맞이가 바위틈에 둥지를 틀고 하얀 꽃을 피운 모습을 볼 수 있는데, 꽃대가 워낙 가냘프다 보니 바람이 조그만 불어도 흔들거리는 모습에서 강풍에도 살아남는 지혜를 배우게 된다. 꽃잎에 검은 점을 달고 있어서 깨순이라고 불리는 금강애기나리와 두루미처럼 우아한 모습을 한 두루미꽃도 1275봉 근처에서 볼 수 있다. 큰구슬붕이는 등산로 상에 자리하고 피어나 애처롭기까지 하다. 털진달래도 군락은 아니지만 천화대암릉 고개를 넘으면서 만날 수 있다. 희운각대피소 근처에는 자주솜대 군락지가 있다. 자주솜대는 외모가 풀솜대와 비슷하지만 꽃이 녹색을 띠며, 열매가 자주색으로 익어가는 게 특징이자 구별 포인트이다.

6월에도 난장이붓꽃, 산솜다리, 금강봄맞이, 큰앵초, 두루미꽃을 볼 수 있지만 절정을 지난 상태이다. 1275봉과 나한봉 주변에서 흐드러지게 핀 설악산 특산종인 설악조팝나무를 만날 수 있다. 종 모양 비슷한 산앵도나무 꽃과 빨간 열매는 앙증맞기 그지없다.

7월에는 대청봉의 상징이기도 한 바람꽃도 곳곳에서 몇 송이씩 피어 있다. 잎이 소나무 잎을 닮았고, 분홍 꽃을 피우는 솔나리는 공룡능선 전 구간에서 만날 수 있다. 무너미고개 근처에는 새며느리밥풀도 서식하고, 솔체꽃과 개쑥부쟁이도 곳곳에 피기 시작한다. 마등령삼거리에서 마등령으로 오르다 보면 오른쪽에 동자꽃도 군락을 이루고 있다. 8월에는 산오이풀, 바람꽃, 참취를 만날 수 있고, 9월과 10월에는 구절초와 산오이풀 정도가 보인다.

마등령을 넘으며 만나는 야생화

마등령은 해발 고도 1300m에 조금 못 미친다. 해발 450m 정도인 백담사나, 해발 320m인 비선대에서 시작하는 마등령 길에는 해발 고도에 따라 다양한 야생화가 서식을 한다.

5월 중하순에는 함박꽃나무가 금강굴 앞에서 반겨준다. 함박꽃나무는 비선대에서 장군봉을 우측에 두고 올라가는 길, 마등령 중간 높이쯤에 자리한 너덜지대, 마등령삼거리-오세암 구간에도 많이 자생한다. 비선대-마등령 구간에서 요강나물, 줄딸기, 금마타리도 만날 수 있다. 마등령삼거리에는 귀룽나무가 하얀 꽃으로 날아든 벌과 함께 반겨준다. 마등령-오세암 구간에서는 개별꽃, 큰앵초, 족도리풀, 철쭉을 볼 수 있고, 수렴동계곡 근처 등산로에서는 은난초와 고광나무, 할미밀망, 고추나무, 벌깨덩굴도 볼 수 있다.

6월과 7월, 8월 마등령을 넘는 길은 야생화 천국으로 변모를 한다. 6월 마등령삼거리-오세암 구간은 함박꽃나무가 흐드러지게 피어 있는데, 마등령을 넘어 비선대로 하산할 때까지 쭉 같이한다. 병꽃나무, 큰앵초, 눈개승마, 풀솜대도 마등령삼거리 근처에 흐드러지게 핀다. 금마타리와 산꿩의다리는 마등령에서 비선대로 하산하는 길가에서 반겨 준다.

7월 중하순 오세암에서 마등령 길 등산로 양쪽으로 말나리, 도라지모시대, 산꿩의다리, 단풍취가 흐드러지게 핀다. 분홍빛 솔나리를 비롯해 배초향, 병조희풀도 마등령 정상에서부터 비선대로 하산하는 길에 흐드러지게 피어 고귀한 자태를 자랑하고, 바람꽃도 몇 송이 만날 수 있다. 금강초롱도 마등령고개에서 비선대로 하산하면서 만날 수 있는데, 8월초까지 핀다.

8월에는 병조희풀, 도라지모시대, 단풍취, 까치고들빼기, 산꿩의다리, 말나리, 동자꽃, 물레나물, 단풍취가 장식을 한다. 마등령정상 바로 아래 군락을 이룬 배초향도 만개한다. 가을꽃인 투구꽃도 만날 수 있다. 백담사 근처에는 며느리밑씻개, 물봉선도 있다.

천불동계곡에서 만나는 야생화

5월 중하순 천불동계곡은 비선대를 지나자마자 때죽나무 꽃이 나뭇가지에서 등산로로 내려앉으면서 하얀 꽃길로 변한다. 좀더 올라가면 쪽동백나무가 머리 위로 하얀 꽃을 피우기 시작하고, 계곡으로 들어갈수록 함박꽃나무와 물참대가 반겨주며, 양폭대피소 앞에는 도깨비부채가 군락을 이루고 있다. 천당폭포 근처에는 금강산과 설악산에서만 만날 수 있는 금강봄맞이를 비롯해 설악산 특산종인 설악조팝나무도 자리하고, 꽃보다 빨간 열매가 더 아름다운 마가목도 볼 수 있다. 천당폭포 주변은 언제든 다양한 야생화가 피어난다. 무너미고개를 오르는 길에는 독성이 강해 사약을 만드는 원료로 쓰였다는 천남성을 비롯해 큰구슬붕이, 물참대, 눈개승마, 풀솜대가 향연을 이룬다.

6월에는 물참대, 함박꽃나무, 쪽동백나무 등 5월에 만난 꽃을 계속해서 볼 수 있고, 금마타리는 천불동계곡 길가를 노랗게 수놓으며 소청봉까지 자리한다. 7월에는 병조희풀, 단풍취, 돌양지꽃, 누리장나무 등을 만날 수 있다.

8월에는 천당폭포 인근에서 금강초롱과 바위떡풀을 만날 수 있다. 9월에는 투구꽃과 구절초도 꽃을 피운다.

단풍이 들기 시작하는 10월초에는 산오이풀, 구절초, 투구꽃, 바위떡풀, 오리방풀, 까치고들빼기 등이 대미를 장식한다.

4 산행을 하며 만난 야생화

설악산에서 만난 꽃을 가나다 순으로 정리를 해 보았다.

가는다리장구채, 개다래나무, 개쑥부쟁이, 개쉬땅나무, 개시호, 개회나무, 검종덩굴, 고광나무, 고추나물, 과남풀, 구절초, 귀룽나무, 금강봄맞이, 금강애기나리, 금강초롱, 까치고들빼기, 꼭두서니, 나도옥잠화, 나래박쥐나물, 난장이붓꽃, 난쟁이바위솔, 네귀쓴풀, 노란병꽃, 노랑갈퀴, 노랑제비꽃, 노루오줌, 노린재나무, 누리장나무, 눈개승마, 눈빛승마, 눈잣나무, 눈측백나무, 닭의장풀, 단풍취, 때죽나무, 도깨비부채, 도라지모시대, 돌단풍, 동자꽃, 두루미꽃, 두메잔대, 둥근이질풀, 둥글레, 등대시호, 마가목, 만주송이풀, 말나리, 매발톱나무, 며느리밑씻개, 멸가치, 물레나물, 물봉선, 물참대, 미역줄나무, 미역취, 바람꽃, 바위떡풀, 바위채송화, 박새, 배초향, 백당나무, 벌깨덩굴, 범꼬리, 병조희풀, 병꽃나무, 분취, 붉은여로, 산괴불주머니, 산꿩의다리, 산부추, 산솜다리, 산앵도나무, 산오이풀, 산이질풀, 삿갓나물, 새며느리밥풀, 생열귀나무, 선갈퀴, 설악조팝나무, 세잎종덩굴, 솔나리, 솔체꽃, 송이풀, 숲개별꽃, 좁은잎배풍등, 얼레지, 어수리, 연영초, 오리방풀, 왜솜다리, 요강나물, 우산나물, 은난초, 인가목, 인가목조팝나무, 자주솜대, 정영엉겅퀴, 정향나무, 조도리풀, 졸방제비꽃, 쥐손이풀, 진범, 쪽동백나무, 참바위취, 참배암차즈기, 참조팝나무, 참취, 천남성, 철쭉, 청괴불나무, 촛

대승마, 큰구슬붕이, 큰앵초, 터리풀, 털진달래, 투구꽃, 풀솜대, 할미밀망, 함박꽃나무, 회나무, 회리바람꽃, 흰인가목.

5 계절별로 만나는 야생화

2017년 8월 25일 기억을 되살려 설악산에 금강초롱을 보러 길을 나섰다. 개인 블로그를 통해 2014년 8월 30일 1307봉을 넘어 내려가는 길에 지천으로 핀 금강초롱을 확인하고, 한계령휴게소에서 출발해 한계령삼거리까지만 가기로 했다. 1307봉은 한계령휴게소와 한계령삼거리 중간쯤에 자리하고 있다. 1307봉을 넘어서 내려가는 길에 금강초롱 한 송이를 만났다. 3년 전 생각을 하고는 더 아름다운 금강초롱을 기대하며 지나쳤다. 그후 한계령삼거리에서 대청봉으로 접어드는 길목에 핀, 시들어가는 금강초롱 한 송이를 만났다. 그게 전부였다. 되돌아오는 길에 2시간 전쯤 만났던 금강초롱을 살펴보니 이 또한 시들고 있었다. 기회는 올 때 잡아야 한다는 사실을 다시금 실감하는 순간이었다.

화무십일홍(花無十日紅)이다. 여기에다 급작스런 기후 변화 때문에 꽃시계도 종잡을 수 없게 됐다. 일반적으로 꽃시계가 빨라졌지만, 어떤 때는 더 느리기도 하다. 귀때기청봉 털진달래가 좋은 예이다. 2019년 귀때기청봉 털진달래는 봄철 산불방지기간이 끝난 직후 만개했다. 하지만 2018년에는 산불방지기간이 끝나기 전에 만개했다.

공룡능선 산솜다리도 마찬가지다. 2015년부터 봄철 산불방지기간이 끝난 첫 주말마다 4년 동안 공룡능선 산솜다리 산행을 했는데, 2018년은 개화가 늦어서 노란꽃술을 내민 산솜다리를 만날 수 없었다. 2019년 6월 6일 산솜다리를 보기 위해 백담사에서 출발해 나한봉에 갔을 때는 늦어서 싱싱한 개체를 만날 수 없었다. 설악산 고지대에 피는 야생화를 만나려면 때를 잘 맞춰야 하고, 운도 따라줘야 한다.

내설악과 외설악 간에도 다른 꽃시계

설악산 야생화 시계는 내설악과 외설악 간에도 다르다. 백두대간이 가르는 내설악과 외설악은 기후도 엄청나게 다르다. 2018년 공룡능선 산솜다리는 예전보다 늦게 폈지만, 귀때기청봉 털진달래는 빨리 폈다. 반대로 2019년은 귀때기청봉 털진달래는 예년보다 늦게 폈지만, 공룡능선 산솜다리는 빨리 폈다. 등산로에서 야생화를 가장 많이 만나는 시기는 5월부터 8월이다.

그동안 산행을 하면서 만나 사진으로 담은 야생화를 등산로별로, 날짜별로, 만난 순서대로 정리를 했다. 연도는 다르지만 비슷한 시기에 같은 등산로에서 꽃이 많고 적은 건, 꽃시계 차이도 있고, 당시 개인적인 관심에 따라 사진을 찍기고 했고, 안 찍기도 한 이유도 있다.

● 대청봉 참바위취. 하늘에서 별이 쏟아지는 모습 같다.

5월 18일, 귀때기청봉-한계령(2019년)

털진달래, 청괴불나무, 요강나물, 귀룽나무, 족도리풀, 금강애기나리, 개별꽃, 얼레지, 회리바람꽃, 두루미꽃, 노랑제비꽃, 철쭉, 시닥나무

6월 5일, 귀때기청봉-한계령 (2016년)

흰인가목, 털진달래, 매발톱나무, 개다래나무, 마가목, 산앵도나무, 물참대, 개회나무, 꼭두서니, 풀솜대, 철쭉, 함박꽃나무, 삿갓나물, 백당나무(이상 귀때기청-한계령삼거리), 눈개승마, 박새, 벌깨덩굴, 두루미꽃, 금마타리, 요강나물, 삿갓나물, 세잎종덩굴, 개다래나무, 노린재나무

6월 6일, 한계령-대청봉 (2010년)

노랑제비꽃, 철쭉, 풀솜대, 귀룽나무, 매발톱나무, 큰앵초, 나도옥잠화, 연영초, 벌깨덩굴, 삿갓나물, 털진달래, 노란병꽃나무

6월 14일, 한계령-대청봉 (2009년)

눈개승마, 개회나무, 인가목, 철쭉, 범꼬리

7월 6일, 한계령-대청봉 (2013년)

터리풀, 박새, 참조팝나무, 금마타리, 둥근이질풀

7월 17일, 한계령-대청봉 (2010년)

산꿩의다리, 노루오줌, 말나리, 터리풀, 박새, 동자꽃, 물레나물, 붉은여로, 참조팝나무, 둥근이질풀, 도라지모시대, 세잎종덩굴

7월 17일, 한계령-중청봉 (2015년)

터리풀, 말나리, 붉은여로, 미역줄나무, 도라지모시대, 산꿩의다리, 노루오줌, 새며느리밥풀, 둥근이질풀, 참조팝나무, 동자꽃, 물레나물, 삿갓나물, 산오이풀, 네귀쓴풀, 배초향

7월 18일, 한계령-대청봉 (2019년)

돌양지꽃, 숙은노루오줌, 노루오줌, 옥잠난초(씨방), 산꿩의다리, 큰꿩의다리, 참조팝나무, 인가목조팝나무, 터리풀, 함박꽃나무, 미역줄나무, 붉은여로, 세잎종덩굴, 철쭉, 오

● 바람꽃. 대청봉에 대규모로 군락을 이루고 있다.

리방풀, 금마타리, 새며느리밥풀, 둥근이질풀, 선이질풀, 물레나물, 등대시호, 박새, 바람꽃, 산오이풀, 두메잔대, 참바위취, 네귀쓴풀

7월 21일, 대청봉 (2018년)

등대시호, 바람꽃, 가는다리장구채, 산오이풀, 네귀쓴풀, 두메잔대, 금강초롱

7월 23일, 한계령–장수대 (2011년)

왜솜다리, 산솜다리(마른 상태), 바람꽃, 동자꽃

7월 31일, 한계령–귀때기청봉 (2010년)

솔나리, 노루오줌, 참조팝, 미역줄나무, 새며느리밥풀, 산꿩의다리, 도라지모시대, 말나리, 동자꽃, 분취

8월 2일, 한계령–대청봉 (2017년)

도라지모시대, 동자꽃, 새며느리밥풀, 말나리, 둥근이질풀, 송이풀, 물레나물, (이상 대청봉) 참바위취, 두메잔대, 산오이풀, 금강초롱, 가는다리장구채, 네귀쓴풀

8월 13일, 한계령–중청봉 (2013년)

금강초롱, 진범, 바위떡풀, 둥근이질풀, 투구꽃, 동자꽃, 과남풀, 구절초, 산오이풀

8월 21일, 한계령–중청대피소 (2010년)

도자지 모시대, 미역취, 금강초롱, 바위떡풀, 송이풀, 진범, 둥근이질풀, 투구꽃, 촛대승마

8월 22일, 한계령–중청대피소 (2009년)

새며느리밥풀, 산앵도나무(열매), 송이풀, 투구꽃, 미역취, 둥근이질풀, 금강초롱, 바위떡풀, 진범, 오리방풀, 구절초, 미역줄나무

8월 24일, 한계령–남교리 (2019년)

짚신나물, 진범, 송이풀, 개쑥부쟁이, 오리방풀, 산오이풀, 구절초, 왜솜다리, 새며느리밥풀, 난쟁이바위솔, 바람꽃, 동자꽃, 투구꽃, 분취, 나비나물, 바위떡풀, 솔체꽃, 도라지모시대, 기름나물, 단풍취, 모시대, 둥근이질풀, 맑은대쑥, 미역취, 눈빛승마, 미역줄나무, 금강초롱, 배초향, 삿갓나물(열매), 붉은여로, 과남풀(꽃봉오리), 어수리, 참취, 세잎종덩굴, 선괴불주머니, 정영엉겅퀴, 멸가치, 가는다리장구채, 마가목(열매), 고추나물, 돌양지꽃, 닭의장풀, 애기물봉선, 좁은잎배풍등, 촛대승마

● 눈개승마. 5월과 6월 흐드러지게 핀다.

8월 30일, 한계령-대청봉 (2014년)

금강초롱, 촛대승마, 과남풀, 도라지모시대, 새며느리밥풀, 바위떡풀, 송이풀, 분취, 미역취, 개쑥부쟁이, 투구꽃, 배초향, 과남풀, 마가목(열매), 새며느리밥풀, 투구꽃, 정영엉겅퀴, 송이풀, 촛대승마, 구절초, 산부추

9월 22일, 한계령-천불동계곡 (2012년)

투구꽃, 구절초, 둥근이질풀

10월 3일, 한계령-중청대피소 (2014년)

투구꽃, 구절초, 산오이풀

공룡능선

5월 16일, 비선대-마등령-공룡능선-천불동계곡 (2015년)

큰앵초, 산솜다리, 돌단풍, 큰구슬붕이, 털진달래, 노랑제비꽃

5월 19일, 천불동계곡-공룡능선-비선대 (2018년)

산솜다리, 난장이붓꽃, 큰앵초, 털진달래

5월 20일, 천불동계곡-공룡능선-백담사 (2017년)

금강봄맞이, 난장이붓꽃, 산솜다리, 큰앵초, 두루미꽃, 금강애기나리, 큰구슬붕이, 노랑제비꽃

5월 21일, 천불동계곡-공룡능선-백담사 (2016년)

풀솜대, 산앵도나무, 난장이붓꽃, 산솜다리, 철쭉, 큰앵초, 금강애기나리, 둥글레, 두루미꽃, 요강나물

6월 8일, 천불동계곡-공룡능선-수렴동대피소 (2013년)

난장이붓꽃, 산솜다리, 금강봄맞이, 설악조팝나무

7월 22일, 중청대피소-공룡능선-백담사 (2018년)

바람꽃, 솔체꽃, 솔나리, 산꿩의다리, 개쑥부쟁이

8월 3일, 희운각대피소-공룡능선-비선대 (2017년)

● 쪽동백나무.

산오이풀, 바람꽃, 금마타리(늦둥이), 털진달래 (철없는 늦둥이), 참취, 솔나리, 개쑥부쟁이

10월 1일, 천불동계곡-공룡능선 신선대 (2016년)

산오이풀, 구절초, 산앵도나무(열매)

10월 9일, 비선대-마등령-공룡능선-천불동계곡 (2015년)

솔체꽃(딱 한 송이)

마등령 길 (백담사-마등령-비선대)

5월 17일 (2014년)

개별꽃, 큰앵초, 족두리풀, 산솜다리, 진달래, 철쭉, 귀룽나무, 요강나물, 줄딸기

6월 5일 (2019년)

백당나무, 국수나무, 원추리, 둥근잎조팝나무, 기린초, 물참대, 할미밀망, 둥글레, 쪽동백나무, 함박꽃나무, 병꽃나무, 큰앵초, 눈개승마, 풀솜대, 금마타리, 털개회나무, 산꿩의다리, 노루오줌(이상 백담사-마등령-비선대 구간), 두루미꽃, 산앵도나무, 철쭉, 설악조팝나무, 산솜다리(마등령-나한봉 와이어 로프 협곡 구간)

6월 6일 (2019년)

백당나무, 원추리, 국수나무, 할미밀망, 찔레나무, 물참대, 참조팝나무, 우산나물, 둥글레, 산꿩의다리, 쪽동백나무, 함박꽃나무, 병꽃나무, 눈개승마, 큰앵초, 풀솜대, 나래박쥐나물, 철쭉, 노루오줌, 금마타리(이상 백담사-마등령-비선대 구간), 두루미꽃, 산앵도나무, 설악조팝나무, 털개회나무, 마가목, 산솜다리(이상 마등령삼거리-나한봉 협곡 구간)

7월 17일 (2015년)

터리풀, 말나리, 붉은여로, 미역줄나무, 도라지모시대, 산꿩의다리, 노루오줌, 새며느리밥풀, 둥근이질풀, 참조팝나무, 동자꽃, 물레나물, 삿갓나물, 산오이풀,

7월 24일 (2016년)

● 등대시호. 열매가 달린 모습도 아름답다. 중청봉에 군락을 이루고 산다.

쥐손이풀, 말나리, 산꿩의다리, 배초향, 단풍취, 도라지모시대, 솔나리, 바위채송화, 새며느리밥풀, 병조희풀, 참취, 산오이풀, 바람꽃(한두 송이), 개시호

8월 1일 (2013년)

붉은여로, 도라지모시대, 단풍취, 까치고들빼기, 산꿩의다리, 말나리, 동자꽃, 물레나물, 병조희풀, 배초향, 솔나리(한 송이)

8월 22일 (2015년)

며느리밑씻개, 물봉선, 배초향, 단풍취, 분취, 미역취, 바위채송화, 오리방풀, 투구꽃, 송이풀, 산오이풀, 산앵도나무, 까치고들빼기, 산꿩의다리, 동자꽃, 개쉬땅나무, 투구꽃, 정영엉겅퀴, 개쑥부쟁이, 도라지모시대, 금강초롱, 병조희풀, 새며느리밥풀

천불동계곡

5월 16일 (2015년)

천남성, 풀솜대, 큰구슬붕이, 눈개승마, 물참대, 함박꽃나무, 금강봄맞이

5월 20일 (2017년)

때죽나무, 쪽동백나무, 물참대, 함박꽃나무, 물참대, 도깨비부채, 병꽃나무, 정향나무, 눈개승마, 금강봄맞이

5월 21일 (2016년)

때죽나무, 쪽동백나무, 물참대, 금마타리, 함박꽃나무, 도깨비부채, 마가목, 금강봄맞이, 눈개승마, 풀솜대

6월 15일, 설악동 소공원-소청봉 (2019년)

노루오줌, 함박꽃나무, 쪽동백나무, 물참대, 도깨비부채, 산꿩의다리, 눈개승마, 천남성, 금마타리, 인가목, 만주송이풀, 흰인가목

7월 18일 (2015년)

병조희풀, 단풍취, 돌양지꽃, 누리장나무

8월 13일 (2016년)

● 네귀쓴풀. 조그만 꽃잎에 청화백자 문양을 담고 있다.

오리방풀, 산오이풀, 까치고들빼기, 병조희풀, 금강초롱

10월 3일 (2016년)

투구꽃, 참회나무, 바위떡풀, 오리방풀, 까치고들빼기

대승령(장수대-남교리)

5월 15일 (2010년)

얼레지, 현호색, 개별꽃, 금괭이눈, 노랑제비꽃, 홀아비바람꽃, 큰앵초, 돌단풍, 피나물, 줄딸기

6 설악산에서만 볼 수 있는 꽃

1. 산솜다리

5월 중하순부터 6월초까지 꽃술을 노란색으로 장식하며 꽃을 피운다. 꽃잎은 물론이고 몸 전체에 복슬복슬한 솜털을 뒤집어쓰고 있다. 노란 꽃술이 고혹적인 모습으로 다가온다. 솜털은 꽃이 만개할 때 가장 많다. 바위 틈새에 서식을 한다.

국내에서는 해발 1000~1300m 높이인 설악산 공룡능선, 서북능선(귀때기청봉-대승령 구간), 화채능선, 남설악 등선대에서 볼 수 있다. 바위 틈새 모래에 붙어서 자생한다. 꽃대는 길어야 10cm 정도에 불과해 일부러 찾지 않고는 만나기 어렵다. 소백산과 서북능선에

● 도라지모시대.

서식하는 왜솜다리는 털이 거의 없어서 육안으로 구분이 된다.

일반인에게는 에델바이스로 알려졌지만, 정확하게는 다른 꽃이다. 국가생물종지식정보시스템에는 한국(강원도 속초시, 양양군, 인제군)에만 분포하는 설악산 특산종으로 소개되고 있다.

꽃말은 '소중한 추억', '영원한 사랑'이다.

2. 바람꽃

북방계 식물로 남한에는 설악산에서만 자란다. 바람꽃 종류는 수없이 많은데 유일하게 봄이 아닌 7월 중하순 하얀 꽃을 피운다. 대청봉, 서북능선(귀때기청봉-대승령 구간), 공룡능선, 화채능선에서 관찰된다. 대청봉 정상과 서북능선 1408봉 근처에 군락으로 피고, 공룡능선에서는 한 두 송이씩 핀 모습을 볼 수 있다. 키가 40cm까지 자란다.

변산바람꽃, 너도바람꽃, 꿩의바람꽃, 만주바람꽃, 남바람꽃, 들바람꽃, 숲바람꽃, 태백바람꽃, 회리바람꽃, 나도바람꽃, 남바람꽃은 봄에 핀다. 봄에 피는 바람꽃 종류는 꽃대도 20cm 미만으로 작다. 너도바람꽃은 3cm가 안 되기도 한다.

3. 금강봄맞이

5월 중하순부터 6월에 하얀색 가녀린 꽃을 피운다. 저지대에서 자라는 봄맞이와 꽃 모양이 비슷하다. 응달 암벽에서 자란다. 천불동

● 만개한 산솜다리. 공룡능선, 서북능선 1408봉 부근, 화채능선에 서식한다.

계곡 위쪽과 공룡능선에서 볼 수 있다. 공룡능선에서는 산솜다리와 같이 보는 행운도 누릴 수 있다. 금강산에서 처음 발견돼 금강봄맞이라는 이름이 붙었다고 한다.

4. 난장이붓꽃

5월 중하순에 보라색 꽃을 피운다. 공룡능선에서 볼 수 있다. 거센 바람을 이겨내기 위해 이름처럼 키가 5~8cm에 불과하다. 거의 땅바닥에 붙어 있다. 꽃대도 매우 짧아서 꽃이 잎 사이에서 핀다. 바람이 강한 자연 환경에 적응해 살아가는 지혜를 보여 주고 있다. 메마른 바위 곁이나 틈새에 붙어서 산다.

5. 흰인가목

6월 중순 흰색 꽃을 피운다. 소청봉 일원과 서북능선 귀때기청봉 너덜 근처에서 볼 수 있다. 잎은 장미과로 해당화와 비슷하다. 국가생물종지식정보시스템은 "중국, 극동 러시아, 금강산 이북에 분포한다."고 설명하고 있다. 열매는 방추형으로, 붉은색이며, 끝에 꽃받침이 남아 있고, 7월~9월 중순에 성숙한다.

6. 만주송이풀

6월 중순에 꽃이 핀다. 꽃은 연노랑과 연녹색 중간에 가깝다. 대청봉에서 소청봉 사이에서 만날 수 있다. 중국과 한국(강원도 속초

● 만주송이풀. 국내에서는 설악산에만 자생하며, 대청-소청봉 구간에 서식한다.

시, 양양군, 인제군)에 분포한다. 30cm 정도까지 자란다. 꽃이 꽃대 아래부터 위로 올라가면서 순서대로 핀다. 위에서 내려다보면 바람개비 모양 같다. 줄기 끝에서 바람개비 모양으로 돌아가며 꽃잎이 달리는 송이풀과는 다른 모습을 보여 준다. 잎은 고사리 모양과 비슷하다.

● 금강봄맞이. 공룡능선과 천불동계곡 일부에 자생한다.

5부

못 다한 이야기

● 공룡능선 중심인 1275봉. 왼쪽에 있는 암봉이 범봉이다.

산행은 늘 즐겁고 행복해야
하고, 그 무엇보다 더
중요한 건 안전해야 한다.
산행을 하면서 마주 오는
등산객에게 "안산하세요."
하고 인사를 건네는 데는
그만한 이유가 있다.
'안산하세요'는 '안전한
산행을 하세요.'의 준말이다.

● 2009년 9월 12일 한계령휴게소에서 파란 하늘을 보며 귀때기청봉으로 출발을 했는데, 너덜지점에 도착하자 비와 우박이 쏟아졌다. 10분쯤 내리던 비가 그치면서 운무가 넘실거렸다. 왼쪽 중간 암봉이 감투봉이다.

● 겨울철 공룡능선 중심인 1275봉을 오르는 등산로는 얼음이 얼어서 위험천만하기 짝이 없다.

●● 천당폭포. 사진에서 보이는 철제 다리와 계단은 낙석 위험 때문에 모두 철망으로 씌워졌다.

● 2009년 2월 7일 토왕폭포 가는 길은 기다림과 밀림의 연속이었다. ●● 빙벽등반대회 기간 중 개방이 돼 2009년 2월 7일 찾은 토왕폭포. ●●● 2006년 7월 인제, 평창 등지에 내린 기록적인 폭우로 십이선녀탕 가운데 백미라는 복숭아탕도 돌로 채워지는 생채기를 입었다.
●●●● '살아 천년 죽어 천년'을 간다는 주목이 자연재해로 한쪽 면이 숯검댕이가 됐다.

1 양보와 배려가 아름다운 토왕폭포 가는 길

토왕폭포는 320m 길이를 자랑하는 설악산 3대 폭포이다. 설악동 B지구를 지나 소공원으로 가다 보면, 도로 상에서도 왼쪽 토왕골에 자리한 장엄한 모습을 볼 수 있다.

"화채봉에서 흘러 칠성봉을 끼고 돌아 흐르는 물이 상단 150m, 중단 80m, 하단 90m로 3단을 이루며 떨어지는 국내 최장의 연폭(連瀑)으로 그 비경이 마치 선녀가 흰 비단을 바위 위에 널어놓은 듯이 정말 아름답기 그지없다." -나무위키-

토왕폭포는 1970년 설악산이 국립공원으로 지정된 이후 낙석과 낙빙 등 위험 요소가 많아 일반인 출입이 통제되고 있다. 2015년 비룡폭포 위쪽에 전망대가 설치된 이후 토왕폭포가 45년 만에 개방됐지만, 1km 떨어진 거리에서 폭포를 보는 것으로 만족해야 한다.

2009년 2월 7일(토) 회사 직원들과 토왕폭포를 찾은 적이 있다. 통제된 지역지만, 그때만 해도 매년 2월 첫째 주 주말에 토왕폭포에서 빙벽등반대회가 열렸고, 대회 기간 중에는 일반인에게도 토왕폭포가 개방됐다.

토왕폭포를 가려면 설악동탐방지원센터를 지나자마자 왼쪽 길로 접어들어 다리를 건너야 한다. 다리를 건너 등산로를 따라 왼쪽으로 접어들면 육담폭포가 나온다. 육담폭포를 지나 철제 다리를 건너고 철제 계단을 오르고 또 오르고 나면 비룡폭포가 나온다. 소공원 2.2km 지점이다. 육담폭포와 비룡폭포 사이에도 이름 없는 폭포가 2개나 자리하고 있다. 겨울 비룡폭포에서 토왕폭포로 가는 등산로는 눈으로 덮여있다. 1970년 이후 출입이 금지됐으니 변변한 등산로도 없다. 다만, 빙벽등반대회 출전 선수나 주최 측에서 눈을 헤치고 간 자국의 길뿐이었다. 좌우로 경사진 곳에 등산용 스틱을 꽂으니 손잡이 부분까지 모두 눈 속으로 들어갔다. 여기에다 계곡 쪽은 낭떠러지였다. 나오는 사람과 들어가는 사람이 서로 피하기도 어려울 정도로 위험했다. 이 길이 일방통행이면 문제가 없었겠지만, 먼저 들어간 사람은 나와야 하고, 그 사람들이 빠져나와야 뒤에 온 사람들이 토왕폭포로 들어갈 수 있었다. 이 길을 가려면 상대방에 대한 배려를 하지 않으면 양쪽 모두가 꼼짝달싹할 수 없이 눈길 위에 묶이게 된다.

"토왕폭포는 자리가 좁기 때문에 들어간 사람이 빠져 나와야 들어갈 수 있습니다." "들어가는 사람들이 나오는 사람들에게 길을 양보해줘야 빨리 들어갈 수 있습니다." "들어가는 사람들이 길을 많이 양보를 해주던가요?"

10:55 비룡폭포에 다다르자 '출입금지' 팻말이 보이고, 두툼한 겨울 파카를 입은 국립공원공단 직원 같은 안내인이 등산객들에게 양보의 중요성을 알리고, 확인하느라 쉴 새가 없었다. 그 시각에 토왕폭포에서 나오는 사람들도 많았다.

폭포 하단 부분까지 가는 길은 서로 양보를 한다고 해도 정체의 연속이었다. 중간에 누가 욕심을 내 자신이 먼저 가겠다고 나서면 모든 사람들이 제자리에서 꼼짝도 못하는 상황이 벌어지고는 했다. 얼음이 언 폭포 하단부와 중단부 사이는 가느다란 로프 하나에 의지해 올라가고, 내려오고 했다. 중단 폭포에 올라가서도 뒤에 오는 사람을 배려해야 하기 때문에 오래 머물지 못하고 내려와야 했다.

폭포에서 나오는 길도 들어갈 때나 마찬가지로 정체가 이어졌다. 비룡폭포에서 안내받은 대로 들어가는 사람들이 나오는 사람에게 길을 양보해줘야 하지만, 오랫동안 길에 서서 있다 보면 인내심이 한계에 도달하게 된다. 그렇게 되면 이성을 잃고 양보를 해주려고 하지 않아 곳곳에서 막히는 상황으로 이어지곤 했다.

그래도 서로 간에 배려하고 양보하는 마음이 더 많았기에 토왕폭포 중단까지 가는 행운을 누렸다. 집에 와서 블로그를 서핑해 보니 어떤 팀은 길이 막혀 비룡폭포에서 되돌아왔다고 했다.

2 두 번 다시 가고 싶지 않은 겨울 공룡능선

겨울철에 공룡능선 산행을 하기는 쉽지 않다. 눈이 많이 내려 능산로가 막히기 일쑤이고, 기상 특보가 발령되면 수시로 통제되기 때문이다. 어느 해에는 한계령에서 중청대피소로 가는 길도 잦은 눈으로 통제가 돼 갈 기회조차 주어지지 않은 적도 있다.

2009년 12월 26일. 겨울 공룡능선 산행을 하는 행운이 찾아왔다. 그때는 겨울 공룡능선도 언제든지 넘을 수 있는 줄 알았다. 크리스마스 연휴를 이용해 산행대장 Y, 친구 K와 L, 넷이서 전날 한계령휴게소에서 설악산 품에 안겨 희운각대피소에서 잠을 자고, 공룡능선 산행에 나서게 됐다.

새벽 1시에 잠이 깨 대피소 밖으로 나가보니 하늘에서는 바람 소리가 윙윙거렸지만, 별이 총총했다. 그렇게 큰 별을 본 게 언제인가 싶을 정도로 별이 빛났다. 2시쯤 됐을까? 침상에서 뒤척이는데 바람 소리가 갈수록 거세졌다.

6시 반쯤 되니까 오색에서 올라온 등산객들이 대피소로 들어오기 시작했다. 크리스마스 때 6시 반은 컴컴한 시간이다. "바람이 너무 불어 대청봉 일출을 포기하고 곧바로 내려왔다."는 게 그들의 설명이다. 오색 남설악탐방지원센터에서 새벽 3시에 산행을 시작했다고 해도 엄청난 속도로 달려온 등산객들이다. 요즘은 겨울철 입산 허용 시간이 04:00이다.

"공룡능선을 갈 수 없대." 아침을 먹고 밖에 나갔다가 들어온 친구 K가 하는 말에, 우리의 산행대장 Y가 "누가 그래?" 하고 되받아쳤다. "밖에 나갔더니 사람들이 그래. 바람이 너무 불어서 갈 수 없다고." 산행대장 Y는 한마디로 입을 막았다. "말도 안 되는 소리 하지 말라고 그래."

07:40 산행에 나섰다. 무너미고개에서 공룡능선으로 발길을 돌리자 눈 위로 두 사람인가가 앞서간 발자국이 보였다. 한 걸음 한 걸음 내딛을 때마다 아이젠이 언 눈 위로 뚫고 들어가는 소리가 너무나도 아름답게 들려왔다. “사르륵 사르륵”이라고 할까? 참으로 청아하고 고왔다. 거제도 학동해수욕장에서 파도가 밀려갈 때마다 몽돌이 구르는 소리와 견줄 만 했다.

신선대를 앞두고 붉은 햇살이 등 뒤로 쏟아지기 시작했다. 신선대에 오르니 몸을 가누기 어려운 바람이 맞아줬다. 친구 L은 갑자기 마주한 강풍에 네 다리로 기어서 신선대를 넘었다. 바람은 옷 속으로 파고들었고, 머리는 시리다 못해 아프기까지 했다. 사방은 온통 무채색. 햇빛을 받은 공룡능선 부분과 신선대 그림자가 드리운 공룡능선 부분 간에 명도 차이만 느껴질 정도였다. 신선대에서 신록이 우거졌을 때 공룡능선을 보면서 솟구치는 감흥은 느낄 수 없었다. 그래도 햇빛을 받은 부분은 붉은 기운을 띠면서 색다른 모습으로 다가오기는 했다.

강풍을 맞아가며 사진을 몇 장 찍는 사이 친구들은 벌써 저만치 아래로 내려가고 있었다. 신선대를 넘어 내려가면서 공포감과 두려움이 엄습했다. 어쩌면 눈 쌓인 벼랑으로 굴러 떨어질지도 모른다는 두려움과 공포감이었다. 공룡능선 길은 힘들기는 하지만, 능산로 좌우로 나무가 자라고 있어서 잡을 게 많다. 무릎만 받쳐준다면 스틱을 사용하지 않고도 안전을 확보하면서 등산로를 오르내릴 수 있다. 하지만 겨울철은 달랐다. 눈이 등산로 좌우에 있는 잡목 머리까지 쌓이다 보니, 신선대를 넘어 내려가는 가파른 길 좌우에 잡을 거라고는 하나도 보이지 않았다. 스틱을 이용해 균형을 잡고 미끄럼도 예방했는데, 조금만 방심하면 수천 길 낭떠러지로 굴러 떨어질 수도 있겠다는 두려움을 떨칠 수 없었다. 신선대를 내려가면서 겨울 공룡능선을 다시는 타고 싶지 않다는 생각을 했다.

1275봉을 올라갈 때도 위험을 느꼈다. 천화대암릉 쪽에서 올라가는 1275봉은 절반이 바위길이고, 나머지는 숲길이다. 경사도도 장난이 아니다. 그 바위를 오르는 길은 얼음으로 뒤덮여 있었다. 아이젠은 눈길에서는 효력을 발휘하지만 얼음 위에서는 오히려 썰매날 같은 역할을 해 더 미끄러웠다. 다행스럽게도 바위길 중간에 와이어로프가 설치돼 있어서 그것을 잡고 오를 수 있었다.

산행은 왜 하는가? 건강한 몸을 만들고, 쌓인 스트레스를 풀고, 힐링을 하고, 호연지기를 키우려고 한다. 산행을 하지 않는 사람들은 "겨울 산행이 위험하지 않아요?" 하고 많이 묻는다. 그때마다 "아이젠과 스틱, 체온을 유지할 수 있는 복장만 갖추면 하산할 때 눈이 쿠션 역할을 해주기 때문에 무릎에 부담도 적고 오히려 봄, 여름, 가을보다 낫다."고 대답을 하곤 했다. 지금도 그 대답은 같다. "등산로에 눈이 쌓이게 되면 울퉁불퉁한 등산로도 평평해져 오히려 더 편하다."는 말도 덧붙이고는 한다.

이 같은 얘기도 신선대 내리막길과 1275봉 오르막길에서는 예외였다. 세르반테스는 그의 저서 '돈키호테'에서 이같이 위험한 상황을 시종인 판초의 입을 빌려 "의사가 필요 없는 상황이 올 수도 있다"고 표현했다. 그런 산행은 하지 않은 것만 못하고, 할 이유도 없다.

산행은 늘 즐겁고 행복해야 하고, 그 무엇보다 안전해야 한다. 산행을 하면서 마주 오는 등산객에게 "안산하세요." 하고 인사를 건네는 데는 그만한 이유가 있다. '안산하세요'는 '안전한 산행을 하세요.'의 준말이다.

3 하늘에서 폭포가 떨어지던 날

천우신조(天佑神助)! 매사가 그렇지만, 즐거운 산행을 하려면 주위에서 도와주고, 하늘이 도와줘야 한다. 변화무쌍한 날씨를 보여주는 높은 산에서는 더더욱 그렇다. 한계령휴게소에서 대청봉으로 가는 등산로는 감탄사가 쏟아지는 아름답고 아름다운 길이지만, 늘 그렇지는 않다. 산행을 하다보면 파란 하늘이 펼쳐지다가도 서쪽에서 구름이 몰려오고, 비를 뿌리기 일쑤이다. 그래서 설악산을 가려면 일기 예보를 살피고, 배낭에 항상 우비와 체온을 유지할 수 있는 옷을 별도로 챙겨야 한다. 버너는 대피소에시 젖은 등산화를 말리는 데도 유용하다.

2010년 7월 17일(토)은 바람과 함께 구름 속을 걸었다. 아침에 일어나니 서울에는 비가 내리고 있었다. “여보, 이게 설악산 일기예보거든. 오전에만 비가 오고 오후에는 그치지?” 기상청 웹사이트를 보여주며 아내를 안심시키고 집을 나섰다.

“호우주의보는 해제됐는데 바람이 엄청 강해요. 아래는 모르겠는데 비도 많이 내려요.” 전철역으로 향하며 중청대피소에 전화를 했더니 들려오는 답변이다. 설악산 산행을 하려면 대피소 전화번호는 항상 가지고 다녀야 한다. 대피소 전화번호는 설악산국립공원 웹사이트에서 확인할 수 있다.

동서울버스터미널에서 09:20 속초행 고속버스를 탔는데, 길이 막혀서 12시쯤 한계령휴게소에 도착했다. 남설악 칠형제봉이 눈앞에 펼쳐졌다. 뒤에 구름이 자리를 잡아 더 가깝게 보였다. 칠형제봉을 그렇게 가깝게 본 것은 처음이었다. 등선대가 구름 속에서 머리를 내밀었다, 숨었다를 반복했다.

한계령휴게소에서 점심을 먹고 12:23 설악산 품으로 빠져들었다. 한계령탐방지원센터를 지나 처음 만나는 바위부터 구름 속이었다. 남설악 등선대와 그곳 높이가 비슷한가 보다. 웅웅거리는 바람소리가 들리는가 싶더니 하늘에서 폭포수 떨어지는 굉음이 들렸다. 소리가 나는 쪽은 물이 흐르는 계곡도 아니다. 바람 소리가 얼마나 센지 폭포소리 같았다. 겁이 덜컥 났다.

1307봉을 넘어서자 하산하는 사람들은 만났는데, 모두 우비를 입었다. 한계령삼거리 바로 아래 비박바위에서 등산용 자켓을 입어야겠다고 생각하며 구름 속을 걸었다. 비박바위에서 등산용 자켓을 입고 몇 걸음 올라가다가 내려오는 등산객 4~5명을 만났다. "어디서 오시죠?" 산행을 하면서 내려오는 등산객들에게 이것저것을 습관적으로 물어보곤 한다. 이 날은 위쪽 상황이 더 궁금했다. "바람이 너무 세서 포기하고 내려오는 길입니다." 단체로도 바람이 너무 세서 중도 포기하고 내려오는데, 혼자 갈 수 있을까? 걱정이 태산보다 더하게 머리를 눌렀다. 일단 한계령삼거리까지 가보기로 했다.

1시간 20분 만에 한계령삼거리에 도착했다. 등산객 5~6명이 이정표를 보고 있었다. 반갑기 그지없었다. 동행이 될 팀인가 했는데, 대승령에서 귀때기청봉을 거쳐 한계령으로 하산을 하는 팀이었다.

대청봉 방향으로 접어드니 바람이 잠잠하다. 산이 남쪽에 위치하면서 바람을 막아준 결과였다. 등산로가 백두대간 남쪽으로 옮겨가면 비바람이 무섭게 불고, 왼쪽에 자리하면 비바람이 잠잠했다.

너덜 구간에서 한 걸음, 한 걸음 옮길 때마다 벌벌 떠는 어린이를 데리고 가는 팀을 만났다. 걱정이 앞섰다. 성인도 포기하고 내려가는 판인데 어린 아이를 데리고 가다니. 그동안 설악산 산행을 하면서 등산화를 신은 어린이는 딱 한 번 만났다. 그 이외에는 모두 운동화를 신었다. 운동화를 신고 비 맞은 너널을 지나는 건 보통 위험한 게 아니다. 아이들과 산행을 하려면, 안전을 위해 최소한 등산화는 신겨야 한다는 생각이다.

그후 쭉 혼자였다. 길가로는 비 맞은 야생화, 머리 위로는 '우~웅웅웅' 거리는 바람소리 뿐이었다.

끝청갈림길. 서쪽에서 불어오는 비바람이 거세게 몰아쳐 몸이 흔들거렸다. 중청대피소가 희미하게 보였다. 중청대피소를 사진으로 담으려다가 얼른 뒤로 물러섰다. 잘못하다가는 천불동계곡으로 날아갈 것만 같았다. 바람이 거세 앞으로 나가기도 어려웠다. 한계령을 떠난 지 4시간 10분 만인 16:33 중청대피소에 도착했다.

중청대피소 안에서도 비바람 소리는 밤새 웅웅거렸고, 이튿날 아침에도 바람은 계속됐다.

이튿날 06:00에 홀로 중청대피소를 가장 먼저 나왔다. 설악동으로 하산을 하려고 끝청갈림길로 향하는데 강풍이 몰아쳤다. 얼른 외설악 쪽에서 내설악 쪽으로 발걸음을 옮겼다. 서쪽에서 불어오는 강풍에 천불동계곡으로 날아가면 안 되니까. 소청봉을 거쳐 희운각대피소로 내려가는데, 해발 1250m 지점쯤 내려갔을까? 갑자기 앞에 산이 나타났고, 구름은 머리 위에 자리하고 있었다. 공룡능선이 희미하게 보였다. 내려갈수록 시야가 확보됐다. 설악이 준 선물이다. 설악은 늘 빈손으로 보내지는 않았다.

희운각대피소 근처에서 겁이 덜컥 나는 일이 또 벌어졌다. 오른쪽 위 계곡 쪽에서 엄청난 크기의 바람소리가 들렸다. 전날 한계령휴게소에서 서북능선으로 오를 때 하늘에서 울리던, 폭포수 떨어지는 것 같던 그 소리였다. 다행스럽게도 계곡에서 흘러오는 물소리였다.

희운각대피소를 거쳐 공룡능선 신선대로 향했다. 공룡능선을 타고 싶지만 무리다. 바람은 여전했지만 앞선 해 12월 26일 공룡능선을 넘을 때보다는 덜 부는 것 같았다. 그때를 위안삼아 신선대로 향했다.

신선대를 30여m쯤 남겨뒀을까? 용아장성 쪽에서 굉음과 바람이 휘몰아쳐 왔다. 몸을 가누기 어려웠다. "이러다가 신선대에서 날아가는 거 아냐?" 앞선 해 크리스마스 때, 친구 L이 몰아치는 바람에 네 발로 신선대를 기어서 넘던 모습이 떠올랐다.

07:45 신선대에 올랐다. 바람이 잠시 잦아들었다. 풀어놓은 배낭이 보였다. 반가웠다. 조마조마하던 마음이 안정됐다. 세 명이 신선대 너머 비박 터에서 바람을 피해 서 있었다. 공룡에 구름 걸린 사진을 찍기 위해 온 사진작가들이다. 서쪽에서는 여전히 빗방울을 실은 강풍이 휘몰아쳐 오는데도 09:05분까지 공룡능선을 즐기며 구름이 걷히길, 공룡능선에 구름이 넘실대기를 기다렸다.

보고 싶은 운해가 공룡능선을 넘는 장관은 펼쳐지지 않았지만, 험한 날씨에 신선대에서 공룡능선을 즐기는 것만으로도 충분했다. 더 많은 것을 기대하면 욕심이다. 자신을, 욕심을 내려놓을수록 산행은 안전하고 더 아름답다.

4 변화무쌍한 날씨-천둥과 비, 그리고 운무의 향연

설악산 날씨는 예측불허다. 올라갈 때는 맑고 푸른 하늘이 펼쳐지다가도 갑자기 귀때기청봉에 먹구름이 걸리며 바람이 불고, 비가 쏟아지기도 한다. 반대로 비가 내리다가도 언제 그랬냐는 듯 말끔한 하늘이 펼쳐지기도 한다. 변화무쌍한 게 높은 산의 날씨이다. 2009년 9월 12일 귀때기청봉 산행이 바로 그런 날이었다.

11:31 파란 하늘을 머리에 이고, 친구 일곱과 고등학교 후배 한 명 등 모두 아홉이 한계령휴게소에서 설악 품에 안겼다. 다섯 명은 대청봉을 거쳐 오색으로 하산하고, 넷은 귀때기청봉에 올랐다가 한계령으로 원점 회귀하는 산행이었다.

도중에 사고가 생겼다. 친구 K가 1307봉을 250m쯤 남겨 두고 "힘들다"고 해서 뒤를 돌아봤더니 얼굴이 하얗고 손이 찼다. 친구들이 K의 배낭에서 짐을 덜어줬지만 20여m를 가지 못하고 주저앉았다. 그 친구는 결국 하산하기로 결정을 했는데, 조금 올라가다 뒤를 돌아보니 뒤따라오고 있었다. 1307봉을 넘어 내리막길을 가다 보니 귀때기청봉 위로 파란 하늘이 사라지고, 검은 구름이 나타나기 시작했지만, 힘들어하던 친구 K는 생기를 되찾기 시작했다.

한계령휴게소를 출발한 지 1시간 50분 가까이 걸려 서북능선 한계령삼거리에 도착했다. 먼저 쏟아지는 햇살을 받은 공룡능선을 즐기고, 앞서 도착한 친구들이 차려놓은 점심상에 합류했다. 귀때기청봉은 먹구름이고, 공룡능선 쪽은 쾌청했다. 점심이 거의 끝나갈 무렵 귀때기청봉 쪽에서 천둥이 우르릉거리기 시작했다.

금방이라도 비가 올 것 같아 미리 우비를 꺼내 입고, 귀때기청봉을 향해 삿갓바위 뒤편 숲속 길로 접어들었다. 귀때기청봉 너덜 지대에 도착하자마자 번개가 번쩍이고 비가 쏟아지기 시작했다. 빗방울 속에 우박도 섞여서 내렸다. 사방은 순식간에 짙은 구름으로 휩싸였다. 하산키로 결정을 했다. 몇 발 앞서 가던 등산객 한 분도 하산을 하려고 되돌아왔다. 그때 친구가 제안을 했다. "단체 사진이나 찍고 내려가자." 그분한테 부탁을 했다. "이제 경치는 끝이고, 기록이나 남기자." 친구들이 모두 카메라를 꺼내 서로서로 기념 촬영을 해줬다.

아! 바로 그때! 귀때기청봉 방향으로 시야가 조금 트이기 시작했다. 순식간이었다. 한계령삼거리 근처 삿갓바위와 대청봉으로 향하는 백두대간 마루금도 보이기 시작했다. "올라가자! 귀때기청봉으로!"

놀라운 광경이 펼쳐졌다. 귀때기청봉 너덜도 경이로운데, 발아래 자리한 상투바위 쪽으로 변화무쌍하게 움직이는 운무는 암봉들을 하나씩 하나씩 보여주기 시작했다. 감탄사가 절로 쏟아져 나왔다. 뿐만이 아니었다. 대청봉으로 향하는 마루금을 열어주더니 좌우에서 구름이 넘실거리며 춤을 췄다. 어떤 선물을 주려는가? 황홀경이었다. 가리봉과 주걱봉도 운무 사이로 머리를 내밀기 시작했다. 선경(仙景)이다. 운무가 걷히면서 비경이 계속 이어졌다. 하늘도 열리기 시작했다. 내설악도 다시 모습을 드러내기 시작했다. 운무는 계곡에서 계속 피어올랐다. 별유천지비인간(別有天地非人間)이었다. 멀리 자리한 운무는 뭉게구름이 돼 내설악 계곡을, 공룡능선을 덮고 있었다. 운무는 내설악을 완전히 뒤덮었다가 다시 비경을 하나씩 하나씩 보여주기 시작했다.

선계를 즐기면서 귀때기청봉에 올랐다. 안산으로 이어지는 서북능선을 넘으려고 구름이 안간힘을 쓰고 있었다. 남서쪽 계곡을 뒤덮은 구름은 계속해서 하늘로 치솟았지만 귀때기청봉에서 안산으로 이어지는 서북능선을 넘지는 못했다.

귀때기청봉을 오르는 이유는 짧은 시간을 투자해 누릴 수 있는 조망이다. 동해 쪽으로는 대청봉, 중청봉, 소청봉, 끝청, 공룡능선, 용아장성, 황철봉, 그리고 금강산까지 보인다. 남쪽으로는 가리봉, 점봉산, 그리고 오대산으로 이어지는 끝없이 펼쳐지는 산그리메를 즐길 수 있다. '다음에 다시 귀때기청봉을 찾아 내설악과 대청을 즐기자'는 생각을 하며 하산을 시작했다. 한계령삼거리 바로 아래 조망 포인트에 서니 구름을 머리 위에 두른 가리봉 위로 저녁노을이 빛났다.

남설악탐방지원센터 앞에서 대청봉 팀을 기다리는 동안 하늘엔 은하수가 흘렀다. 얼마 만에 보는 은하수인가! 한계령을 출발할 때

파랗던 하늘은 귀때기청봉 너덜 지대에서 비와 우박을 쏟아 붓다가 운무의 향연을 펼쳐 주더니, 오색 하늘은 은하수를 선물했다.

5 생채기 나고 치유하는 설악

10년이면 강산도 변한다고 했나? 설악산은 2006년 9월 처음 찾을 때와 많이 달라졌다. 지금도 매일매일 달라지고 있다. 폭우와 낙석 등 자연 현상이, 설악산을 지키려는 설악산국립공원의 노력이, 그동안 많이 다녀간 등산객들 발길이 설악산을 좋게도, 나쁘게도 바꿔 놓고 있다.

자연 재해 생채기

2006년 7월 15~16일 이틀간 설악산을 비롯해 인제, 평창 등지에는 시간당 최고 122mm에 달하는 기록적인 집중 호우가 쏟아졌다. 그 결과 설악산은 엄청난 생채기를 입었다. 설악산 계곡 곳곳에 명경지수를 담고 있던 아름답고 아름답던 탕(湯)이나 담(潭)은 돌덩이나 자갈로 메꿔졌고, 산 중턱에는 산사태가 발생해 꼴사나운 모습을 하고 있다. 계곡에 물마저 줄어드는 돌이킬 수 없는 크나큰 상처를 입기까지 했다.

대청봉 아래서 발원해 천불동계곡을 이루고 설악동소공원 옆을 지나 동해로 흐르는 물이 쌍천이다. 쌍천에는 물이 생각보다 적게 흐른다. 2006년 7월 폭우 때 위에서 떠내려 온 돌이 쌓이면서 물이 돌 아래로 흐르기 때문이다. 설악동 소공원 인근 쌍천에는 흐르는 물이 아예 보이지 않는 곳도 있다.

쌍천이 이 정도이니, 설악산 계곡은 당시 폭우로 얼마나 많은 생채기를 입었을지 짐작이 가고도 남는다. 천불동계곡을 걷다 보면 자갈로 채워진 담(潭)을 볼 수 있다. 천당폭포에는 뿌리채 뽑혀 떠내려온 소나무가 10년 넘게 천당폭포 아래 누워 있다가 2018년부터 보이지 않는다. 아마도 2018년 장마철에 떠내려간 것 같다.

십이선녀탕계곡도 2006년 7월 폭우로 큰 생채기를 입었다. 두문폭포 위 이름 없는 폭포의 탕은 지금도 자갈밭 같은 모습을 하고 있다. 십이선녀탕 가운데도 극치라는 평가를 받아온 복숭아탕에도 자갈이 채워져 있으며, 2019년 8월 복숭아탕에는 전에는 없던 부러진 큰 소나무가 흉측스레 서 있었다. 두문폭포 탕에도 자갈이 4/5 정도 높이까지 쌓여 있다.

폭우 피해는 계곡만 입은 것이 아니다. 한계령에서 서북능선으로 올라가다 보면 철제 다리가 나온다. 옛 샘터 자리다. 그곳은 산사태 피해를 입었다. 샘터는 오간 데 없이 사라졌다. 중간 중간에 수목이 자라나고 있지만, 토사가 밀려 내리면서 벌거벗겨진 모습은 10년이 훨씬 지난 지금도 그대로다. 다리도 폭우 피해 이후 설치됐다.

공룡능선도 예외는 아니다. 공룡능선 신선대에서 천화대암릉을 바라보면 벌거벗겨진 산사태 흔적을 발견할 수 있다. 그 상흔은 마음을 아프게 한다. 자연 치유에는 상당한 시간이 걸릴 것 같다.

낙석도 설악산에 생채기를 내고 있다. 대표적인 곳이 비선대 기점 1.5km 지점 천불동계곡에 자리한 병풍교이다. 병풍교는 2007년 2월 대형 낙석 사고로 붕괴돼 새로 놓았다.

2015년 양폭포 바로 옆에서도 대량 낙석 사고가 발생해 천불동계곡 등산로가 통제되는 사태를 겪었다. 그 이후 양폭포 옆으로 데크 계단이 새로 설치됐다.

양폭대피소 직전 왼쪽 암벽에서도 2017년 낙석이 발생하면서 기존 등산로가 폐쇄된 채 우회로를 이용했는데, 2019년 6월에 가보니 우회 등산로 위에 데크 계단이 새로 놓였다.

등산로 정비

설악산 등산로는 엄청난 속도로 정비되고 있다. 2006년 9월 공룡능선을 처음 찾았을 때 하늘에는 헬기가 분주하게 돌을 실어 날랐다. 그런 일은 몇 년 동안 계속됐다. 헬기가 실어 나른 돌은 등산로를 돌 포장길로 바꾸어 놓았다.

2017년 이후 등산로는 빠른 속도로 데크 길로 바뀌고 있다. 대표적인 곳이 남설악탐방지원센터-대청봉 길 급경사지 구간이다. 마의 구간으로 불리던 해발 고도 1113m 지점에서 시작되는 오르막 등산로는 데크 계단으로 치장(?)을 했다. 1113m 지점은 그동안 해발

1110m로 적혀 있다가 2019년 새로 설치된 국가지점번호에 1113m로 수정됐다. 데크 계단이 설치되면서 계단 높이가 낮고 일정해져 산행이 종전보다 훨씬 수월해졌다. 설악폭포 구간 역시 데크 길이 놓여졌다.

한계령삼거리 직전 오르막길은 절반 정도만 철제 계단이었는데, 2018년부터는 쭉 계단 길을 올라가게 됐다. 한계령삼거리-1459봉 중간에도 데크 계단이 두 곳에 설치됐다. 한 곳은 강아지바위를 조금 지난 지점이고, 다른 한 곳은 등산로가 서북능선 북쪽을 따라가다가 능선을 넘어 조금 간 지점이다. 두 곳 모두 바위가 가로막아 가을 단풍철이면 20~30분씩 정체되던 곳이었다. 강아지바위를 조금 지난 지점에 설치된 데크 계단에는 전망대까지 마련돼 서북능선 최고의 조망 명소가 됐다.

중청대피소에서 대청봉으로 가는 평평한 등산로에도 데크 길이 놓여졌다. 이 길은 걷다 보면 평온하기 그지없다.

등산로 정비는 등산 소요 시간도 많이 줄였다. 2010년 모 협회에서 발행하는 월간지에서 설악산 기행문 요청이 들어와 설악산국립공원 자료를 인용해 코스별 소요 시간을 정리한 적이 있다. 이번에 책을 쓰느라고 2019년 현재 설악산국립공원 자료와 당시 원고에 정리된 자료를 비교해 보니 대부분 코스에서 등산 소요 시간이 30분 정도씩 단축됐다.

등산객 훼손

"설악산에 가서 보고 싶은 거 다 보고, 하고 싶은 거 다 하려면 집 팔아도 안 된다." 블로그 이웃이 설악산을 다녀와 푸념을 한 글이다. 설악산만이 아니라 어느 국립공원을 가더라도 해서는 안 되고, 하지 말아야 하는 일들이 많다. 등산로 양쪽에 설치된 줄은 밖으로 나가면 안 된다는 표시이다. 출입을 통제하는 데는 이유가 있다. 위험해서 제한하기도 하고, 자연보호를 위해 통제하기도 한다. 출입이 통제된 용아장성은 위험하기 때문이고, 화채능선이나 마등령고개에서부터 진부령 구간을 통제하는 이유는 자연보호를 위한 조치이다.

하지 말라면 더 하고 싶다고 했나? 산행을 하다 보면 출입 제한 코스는 차치하더라도, 밖으로 나가지 말라고 등산로 옆에 설치한 줄을 넘고 싶은 충동을 일으키는 곳들이 있다. 바로 조망 포인트이다. 그 결과 설악산은 알게 모르게 상처를 입고 있다. 한계령삼거리에서 대청봉 방향으로 서북능선을 걷다 보면 전에는 수목이 가로막아 출입이 불가능했던 곳에 길이 난 모습을 볼 수 있다. 사람 발길로 가장 큰 상처를 입은 곳은 권금성 봉화대이다. 권금성 봉화대는 1985년 여름 처음 찾았을 때만 해도 지금 보이는 바위 중간 지점까지는 숲이 자리하고 있었다.

맺는 말

하산하며

산행은 삶의 여정에 비유된다. 오르내림이 인생길과 같다.

골프도 인생길에 비유된다. 골프는 미스 샷을 한 번 하는 순간 혹독한 대가를 치러야 한다. 공을 칠 때마다 공이 놓인 곳의 위치와 경사도를 확인한 후 샷의 방향을 정하고, 그날의 바람과 습도 등 기상 상태까지 확인을 한 후 클럽을 선택해야 한다. 그리고 정신을 집중해 정교한 샷을 해야만 실수를 줄일 수 있다. 인생길 매사에 최선을 다하라고 가르치는 운동이 골프다.

산행은 기나긴 인생 여정을 어떻게 살아가야 하는지를 알려 준다. 정상에 올라가면 내려가야 하는 게 산행이다. 정상에서 계속 머물 수는 없다. 그게 산이다. 산은 올라가면 내려가야 하고, 내려가면 오르막이 기다린다. 산은 이 과정에서 땀의 가치를 반드시 보답주고 삶의 지혜까지 일깨워 준다.

산행은 힘든 일, 어려운 일을 어떻게 대처해야 하는지를 알려준다, 앞에 험한 오르막길이 펼쳐지면 쉬면서 호흡을 가다듬고, 재충

전을 해야만 그곳을 무탈하게 넘어갈 수 있다. 사전 준비도 없이, 마음 자세도 갖추지 않고 무작정 덤벼들면 사고가 난다. 반대로 사전에 많은 준비를 하면 많은 걸 얻을 수 있다.

산은 찾아오는 사람을 품어 준다. 그 누구도 거부하지 않는다. 너무 많은 등산객이 찾아서 생채기가 나더라도 산은 말없이 그들을 받아 준다. 산은 더 없는 포용력을 발휘하고, 희생을 감수한다. 사회 생활을 하다 보면 새로운 지식도 받아들여야 하고, 생각이 다른 사람과도 같이 일을 해야 한다. 더러는 포용력을 발휘해야 하고, 더러는 희생도 감수해야 한다. 그래야 성공적으로 사회 생활을 할 수 있다.

산은 만용을 허락하지 않는다. 산은 누구든 받아 주지만, 그들의 안전까지 책임지지는 않는다. 안전은 등산객 몫이다. 산을 찾는 사람들은 자신이 할 수 있는 일과 할 수 없는 일, 꼭 해야 할 일과 해서는 안 될 일을 분별하고 그에 맞는 행동을 해야 한다. 대청봉 눈잣나무, 귀때기청봉 털진달래, 공룡능선 난장이붓꽃, 소청봉 길가에 한쪽으로만 자란 구상나무가 가르쳐 주는 지혜이다. 그들 모두 만용을 부리지 않고 환경에 순응하고 적응한 생명들이다.

산은 삶의 안식처다. 1998년 IMF(국제통화기금) 관리 체제에서 우리가 엄청난 시련을 겪을 때, 산은 아픔을 겪는 모든 이들을 받아 주고 위로해 줬다. 산은 IMF 관리 체제처럼 혹독한 경제위기가 아니더라도, 격무에 시달리고 스트레스로 힘들어 하는 사람들에게 힐링과 치유 공간을 제공해 주고 건강도 지켜 준다.

이제는 보답해야 한다. 보답하는 방식은 어렵지 않다. 산을 보호하고 사랑하면 된다. 그러려면 더 가까이 관찰하고 음미하고 느끼려는 의지가 필요하다. 이 책이 그런 준비에 도움이 되길 바란다.

추천사

산
을 좋아하면 산을 닮는다

'어진 사람은 산을 좋아한다(仁者樂山)'는 사자성어는 누구나 알고 있는 공자님 말씀이다. 바꿔 말하면 '산을 좋아하는 사람은 어질다' 할 수 있다. 2000년대 들어 우리나라에 산을 좋아하는 사람들이 부지기수로 늘었으니 사회도 그만큼 어질고 듬직해졌을 듯 싶은데 꼭 그렇지는 않아 보인다. 그래서 공자님 말씀을 이런 수식을 넣어 바꾸고 싶다. 어진 사람은 산을 '진심으로' 좋아한다. 또는 산을 '진심으로' 좋아해야 어질게 살 수 있다.

〈설악산 아모르 야생화 아모르〉의 저자 최기수는 산을 참 좋아한다. 진심으로 좋아하는 것은 본인만이 알 수 있지만 참 좋아하는 것은 제3자가 충분히 알 수 있다. 그는 농수축산 업계에서 30여 년간 일한 언론인이다. 십수 년 동안 그와 한 공간에서 일해 온 필자는 종종 이런 말로 그를 평하곤 했다.

"산을 참 좋아하고 산을 참 닮은 분입니다."

그 말이 다소 추상적이라 느껴질 때는 이렇게 구체화시키기도 했다.

"조선시대에 태어났으면 퇴계 선생의 제자쯤 되지 않았을까."

이 말에도 산의 몇몇 속성들이 담겨 있다. 일단 그는 산처럼 정직하고 한편으론 겸손하다. 대중 앞에서 인사를 할 때는 꼭 두 손을 배꼽 앞으로 모아 허리를 숙이고, 웃는 모습은 아직도 어린아이 같다. 숲, 계곡, 이슬 먹은 잎 같다고 할까. 반면 큰 산처럼 엄숙하고 경직된 면도 있다. 매사 정확함을 지향해, 모르는 건 모른다 하고 아는 건 정확하게 비수

찌르듯 토해 낸다. 고집이 세고(경주 최씨다), 뒷담화를 싫어해 사실 그와 대화하는 것이 재미는 없다. 믿음직하지만 재미없는 산. 이 저자가 설악산을 줄기차게 (옆 동네 마실 가듯) 찾아가는 배경도 이만하면 이해할 수 있다.

〈설악산 아모르 야생화 아모르〉의 모든 글과 사진은 100퍼센트 저자의 것이다. 인용은 출처가 분명하고 서술 내용과 사진, 시간과 거리에 대한 정보 등등이 모두 본인 스스로 체크하고 정리한 것이다. 정확히 말하면 '최기수의 설악산 이용법'이다.

'설악산 아모르 야생화 아모르'란 책 제목도 그가 붙인 것인데 여기에도 그의 정확성과 정직성이 담겨 있다. 산을 사랑하지만 자신은 아마추어라는 것이다. 아마추어이지만 무엇인가를 (혹은 누군가를) 진심으로 사랑하는 의미가 '아모르'의 어원에 담겨 있다고 또 굳이 설명을 한다.

그가 이 책을 낸 이유를 헤아리면서 추천사를 가름한다. 산을 좋아하는 사람들에게 설악산을 자신의 방식으로 소개하는 것이 첫 번째 이유일 것이다. 산만 좋아하지 말고 거기에서 피는 들꽃과 들풀 들도 좋아해 달라고 잔잔하게 외치는 것이 두 번째 이유일 것이다. 그리고 산을 좋아하지 않거나 높은 산을 오르지 못한 이들에게도 '좋은 산'과 '아름다운 꽃'을 선물하고 싶은 게 세 번째 이유일 것이다. 여기에 필자의 의견 하나를 덧붙이면 '설악산을 마실 가듯 다니는 것도 은퇴 후 인생들의 훌륭한 계획이 되겠다'는 것이다. 그가 안내할 것이다.

—임동준(소설가)

설악산 아모르
야생화 아모르

발행일	2020년 3월 10일 초판 1쇄
지은이	최기수
발행인	전정희
발행처	에치엔컴(주)
등 록	321-2009-000118

주 소	서울시 서초구 방배천로 2길 12 사조빌딩 3F
전 화	02-3487-7901~2
FAX	02-3487-7903

www.withbuyer.com

ISBN 979-11-89905-02-6

값 **16,000원**

이 도서의 국립중앙도서관 출판예정도서목록(CIP)은 서지정보유통지원시스템 홈페이지(http://seoji.nl.go.kr)와 국가자료종합목록 구축시스템(http://kolis-net.nl.go.kr)에서 이용하실 수 있습니다. (CIP제어번호 : CIP2020008260)